Wenn wir in diesem Buch von Gott reden, meinen wir Gott den Vater, den Vater Jesu, „Abba", wie Jesus ihn nennt.

Wenn wir von Jesus reden, meinen wir Jesus Christus, den Sohn des Vaters.

Wenn wir vom Heiligen Geist reden, meinen wir den Geist, den Jesus uns als Helfer und Beistand geschickt hat.

Alle wörtlich zitierten Bibelstellen sind, soweit nicht anders vermerkt,
- für das Neue Testament der NGÜ Neue Genfer Übersetzung,
- für das Alte Testament der Elberfelder Bibel entnommen.

Hildegard und Heinrich Becker

Warum starb Jesus?

Was war der Plan des Vaters?

Erste Auflage 2018

Herstellung und Verlag: BoD – Books on Demand, Norderstedt

ISBN: 9 783752 869347

Inhaltsverzeichnis:

Einleitung

Wir arbeiten öfter bei Alpha-Kursen[1] mit. Am dritten Abend ist nach der Kursvorlage das Thema "Warum starb Jesus?" auf dem Plan. Mit der Folge, dass danach viele der bisherigen Teilnehmer wegbleiben.

Es muss also ein großes Unverständnis, ja Ablehnung in den Zuhörern über den Umstand vorhanden sein, warum Jesus sterben musste. Oder besser, wozu er starb. Verknüpft ist das immer mit der Schuldfrage und dem Begriff der Sünde, ja der Erbsünde. Da sich die Teilnehmer nicht als große Sünder sehen, sondern abgesehen von einigen Fehlern, die sie gemacht haben, als anständige Leute, verstehen sie nicht, was das soll.

Brauchte Gott den Tod Jesu, um seinen Zorn zu besänftigen? Musste Blut fließen, um die Gerechtigkeit wiederherzustellen? Musste die grausame und schmerzvolle Hinrichtung sein? Und dann noch das Kreuz als Symbol in den Kirchen und (noch) Klassenzimmern und Behörden, zumindest in Bayern?

Wir wollen versuchen, verschiedene Aspekte und Herangehensweisen in diesem Buch zu betrachten, um erfassen zu können, was da vor 2000 Jahren geschehen ist. Wir sind keine Theologen, deshalb erhebt das Buch keinen Anspruch auf Vollständigkeit. Sondern wir wollen versuchen dem modernen Menschen zu erklären, was für ein großartiger Plan Gottes des Vaters dahintersteckt.

Als erstes möchten wir auf außerbiblische Berichte über den Tod

---

[1] Zur Information über Alphakurse: www.alphakurs.de. Ein weltweit eingesetztes Konzept, um Menschen zum Glauben zu führen.

Jesu eingehen,
damit nicht der Eindruck entsteht, dass nur im Neuen Testament
vom Tod Jesu die Rede ist oder dass es gar eine Fiktion ist, etwas,
das gar nicht stattgefunden hat.

- **Tacitus** (römischer Historiker, 58 bis 120 n. Chr.)

    Er schreibt in einer Abhandlung über den Kaiser Nero[2]:
    „Um das Gerücht aus der Welt zu schaffen, schob er
    (Nero) die Schuld auf andere und verhängte die
    ausgesuchtesten Strafen über die wegen ihrer Verbrechen
    Verhassten, die das Volk ‚Chrestianer' nannte. Der
    Urheber dieses Namens ist Christus, der unter der
    Regierung des Tiberius vom Prokurator Pontius Pilatus
    hingerichtet worden war. Für den Augenblick war [so] der
    verderbliche Aberglaube unterdrückt worden, trat aber
    später wieder hervor und verbreitete sich nicht nur in
    Judäa, wo das Übel aufgekommen war, sondern auch in
    Rom, wo alle Gräuel und Abscheulichkeiten der ganzen
    Welt zusammenströmen und gefeiert werden."

- **Josephus** (Jüdischer Historiker, 37 n. Chr.)
    Bei ihm lesen wir[3]:
    „Nun gab es um diese Zeit Jesus, einen weisen Menschen,
    wenn es denn recht ist, ihn einen Menschen zu nennen,
    denn er war ein Wundertäter und ein Lehrer für die, die
    die Wahrheit mit Freuden annehmen. Er gewann viele
    Juden und viele Heiden als Gefolgschaft. Er war [der]
    Christus; und als Pilatus ihn auf Verlangen unserer
    führenden Männer zum Kreuzestod verurteilte, wichen

---

[2] Tacitus, Annalen 15,44, zitiert nach Theißen/Merz (2011), S. 89
[3] Flavius Josephus, Jüdische Altertümer, Fourier Verlag Wiesbaden, 14.
Auflage 2002, 18. Buch, 3. Kapitel, Absatz 3.

jene, die ihn von Anfang an liebten, nicht von seiner Seite, denn er erschien ihnen am dritten Tag, wieder zum Leben erwacht, wie die göttlichen Propheten dies neben unzähligen anderen wunderbaren Dingen über ihn vorausgesagt hatten. Die Gruppe der Christen, die nach ihm benannt sind, existiert bis auf den heutigen Tag."

- **Talmud** (jüdische Weisheitslehre)[4]

  Dort erwähnt der Traktat Sanhedrin 43a Jesus:
  „Am Vorabend des Passahfestes hängte man Jeschu. Vierzig Tage vorher hatte der Herold ausgerufen: Er wird zur Steinigung hinausgeführt, weil er Zauberei getrieben und Israel verführt und abtrünnig gemacht hat; wer etwas zu seiner Verteidigung zu sagen hat, der komme und sage es. Da aber nichts zu seiner Verteidigung vorgebracht wurde, so hängte man ihn am Vorabend des Passahfestes."

- **Thallus** (griechischer Profanhistoriker um 52 n. Chr.)

  Seine Angaben lassen sich nicht überprüfen, da das Werk des Thallus verloren ist. Er erwähnte eine Sonnenfinsternis und nicht Jesu Kreuzigung. Denn Phlegon von Tralles (frühes 2. Jahrhundert), der sich dabei auf Angaben des Thallus stützte, datierte eine Sonnenfinsternis in die zweite Olympiade, das heißt in das 15. Jahr des Tiberius, also nach heutiger Berechnung in das Jahr 29. Africanus zitierte überprüfbare Angaben anderer Autoren jedoch sonst zuverlässig und nahm Thallus nicht apologetisch für die Richtigkeit der NT-

---

[4] Dieser und die folgenden Abschnitte sind entnommen: Wikipedia, Außerchristliche antike Quellen zu Jesus von Nazareth

Passionsberichte in Anspruch, sondern wies die aus seiner Sicht falsche, christentumsfeindliche Absicht des Thallus zurück. Daher nehmen verschiedene Historiker an, dass Thallus seine datierte Sonnenfinsternis tatsächlich auf die Kreuzigung Jesu bezog und somit indirekt deren Historizität bestätigte. In diesem Fall wäre die Thallusnotiz die früheste außerchristliche Jesusnotiz.

- **Mara Bar Serapion** (in einem Brief in syrischer Sprache als Abschrift aus dem 7. Jahrhundert)

  Der sonst unbekannte Autor schrieb nach seinen Angaben als Gefangener der Römer. Er gab seinem Sohn Lebensratschläge, falls er zum Tod verurteilt würde. Er empfahl ihm, nur nach Weisheit zu streben; sie sei trotz aller Verfolgung der Weisen ewig. Dafür nannte er Beispiele:
  „…was hatten die Athener für einen Nutzen davon, dass sie Sokrates töteten, was ihnen mit Hungersnot und Pest vergolten wurde? oder die Samier von der Verbrennung des Pythagoras, da ihr ganzes Land in einem Augenblick vom Sand verschüttet wurde? oder die Juden von der Hinrichtung ihres weisen Königs, da ihnen von jener Zeit an das Reich weggenommen war? Denn gerechter maßen nahm Gott Rache für jene drei Weisen: die Athener starben Hungers; die Samier wurden vom Meere bedeckt, die Juden umgebracht und aus ihrem Reiche vertrieben, leben allenthalben in der Zerstreuung.
  Sokrates ist nicht tot: wegen Platon, noch Pythagoras: wegen der Hera-Statue, noch der weise König: wegen der neuen Gesetze, die er gegeben hat."
  Anders als in seinen übrigen Beispielen nennt der Autor den „weisen König" der Juden nicht beim Namen, obwohl er ihn mit zwei damals prominenten griechischen Philosophen gleichstellt. Der Ausdruck wird aber meist auf

Jesus von Nazareth bezogen, weil die Passionsberichte der Evangelien Jesus als „König der Juden" bezeichnen, diesen Titel als Grund seiner Kreuzigung durch die Römer nennen und die urchristliche Literatur die Zerstörung Jerusalems und Vertreibung der Juden als Strafe Gottes dafür deutete.

- **Lukian von Samosata** (griechischer Satiriker 120 bis 180 n. Chr)

    „Übrigens verehrten diese Leute den bekannten Magus, der in Palästina deswegen gekreuzigt wurde, weil er diese neuen Mysterien in die Welt eingeführt hatte … Denn diese armen Leute haben sich in den Kopf gesetzt, dass sie mit Leib und Seele unsterblich werden, und in alle Ewigkeit leben würden: Daher kommt es dann, dass sie den Tod verachten und viele von ihnen ihm sogar freiwillig in die Hände laufen. Überdies hat ihnen ihr erster Gesetzgeber beigebracht, dass sie untereinander alle Brüder würden, sobald sie den großen Schritt getan hätten, die griechischen Götter zu verleugnen, und ihre Knie vor jenem gekreuzigten Sophisten zu beugen, und nach seinen Gesetzen zu leben."

    Diese Passage zeigt die Sicht eines gebildeten Griechen, der Jesus aus der Perspektive anderer damaliger Mysterienkulte wahrnahm. Er führte die Bereitschaft mancher Christen zum Martyrium in den Christenverfolgungen seiner Zeit auf ihren Glauben an eine leibliche Auferstehung zurück. Er kannte also diese jüdisch-apokalyptische Lehre.

Wir sehen also, dass es eine Menge antiker Berichte gibt, auch wenn von manchen deren Echtheit bezweifelt wird.
Halten wir bis jetzt fest: Jesus hat gelebt und ist hingerichtet worden.

Was aber war der Plan Gottes des Vaters?

Und was war denn sein Ziel mit Jesu Auftreten auf der Erde?

Er wuchs auf bei normalen Eltern, einzig im 12. Lebensjahr haben wir einen Bericht im Lukasevangelium über einen Besuch im Tempel. Jesus bleibt zurück, seine Eltern suchen ihn schließlich und finden ihn im Tempel."Wusstet ihr nicht, dass ich in dem sein muss, das meines Vaters ist" war seine Antwort[5] auf die Vorwürfe seiner Eltern. Ein Sohn seines Vaters im Himmel!
Ab seinem dreißigsten Lebensjahr wanderte er umher, sprach vom Königreich seines Vaters, der Basilea und scharte einige Jünger um sich. Er schrieb kein Buch, gründete keine Gemeinde, hatte keine Radio- oder TV-Show, keine Zeitung berichtete täglich oder wöchentlich über ihn.
Schließlich wurde er hingerichtet.
Das war schon unerhört. Denn er hatte keine Schuld.
Er wurde hingerichtet von den religiösen Führern seines Landes für die Behauptung, Gottes Sohn zu sein. Angeklagt der Sohnschaft Gottes des Vaters. Kein todeswürdiges Verbrechen im Römischen Reich. Jeder römische Kaiser wurde nach seinem Tod ein Gott.
Also war eine List notwendig, um Pilatus das Todesurteil abzuringen. „Du bist des Kaisers Freund nicht mehr, wenn Du Jesus nicht verurteilst."[6] Das traf Pilatus an einer empfindlichen Stelle seiner Karriere, denn er war strafversetzt nach Palästina.
Tod durch Kreuzigung. Ein schrecklicher, unmenschlicher, unehrenhafter Tod. Nur für Nicht-Römer.

Wir beklagen oft, dass Gott Katastrophen zulässt oder in furchtbaren Situationen nicht eingreift. In dieser Situation, als es

---

[5] Luk. 2, 49
[6] Joh. 19, 12

um das Leben seines Sohnes ging, da hätte er eingreifen müssen. Aber er tat es nicht. Warum? Darauf versuchen wir eine Antwort zu geben.

Also stellt sich die Frage: Warum starb Jesus SO?
Und vielleicht noch, wozu starb Jesus?

Er starb, weil er ein Mensch war.

Er wurde als Mensch geboren.
Als richtiges Baby.
Er wurde geboren wie ein Mensch! Nicht wie in der griechischen
Sage aus Schaum geboren wie Aphrodite. Oder von einem
Titanenpaar gezeugt wie Zeus.
Nein, er wurde ganz gewöhnlich geboren. Seine Empfängnis war
dagegen etwas Übernatürliches, etwas das bisher nicht geschehen
war. Aber wie viele Wundern passierten im AT geschehen, die
auch vorher nie geschehen waren wie die Geburt Isaaks durch
eine 90-jährigen Mutter oder Wasser, das plötzlich aus dem
Felsen kam oder das Wasser, das sich beim Durchzug durch das
Rote Meer teilt.

Warum aber musste Jesus, der Sohn Gottes, eigentlich sterben?
Sein Aufenthalt auf Erden musste, da er wahrer Mensch war[7],
irgendwann zu Ende sein. Oder er wäre kein wahrer Mensch
gewesen. Obwohl er Gott war.
Auch alle von Jesus auferweckten Toten und geheilten Kranken
sind gestorben. Niemand aus der Zeit Jesu lebt noch. Jeder
Mensch muss sterben, seitdem Adam auf die List der Schlange
hereingefallen ist[8], obwohl er wusste, dass er vom Baum der
Erkenntnis nicht essen sollte.
Jeder Mensch muss sterben. Also auch Jesus. Weil er wahrer
Mensch sein wollte[9]. Und er war ein Mensch[10].

_____

[7] Phil 2, 7; Hebräer 5, 7a ; 1.Joh 4,2
[8] 1. Mose 3, 2 - 5
[9] Römer 1, 3
[10] Römer 8, 3

Doch nur einer ist auferstanden und lebt in Ewigkeit. Warum starb er also?

Wäre er an Altersschwäche gestorben, hätten seine Gegner gesagt: Seht, einer, der von sich sagt, er ist ein Gott, stirbt. Das kann ja nicht euer Ernst sein! Da sind die unsterblichen griechischen Götter viel besser! Und wie hätten seine Anhänger reagiert, wenn er auf dem Sterbebett gelegen hätte? Nein, so konnte Jesus nicht gehen.

Wäre Jesus einfach entrückt worden, wäre das keiner historischen Erwähnung wert gewesen.
Er wäre einfach weg gewesen.
Wie Henoch, der entrückt wurde und nirgends sonst erwähnt wird, als an dieser einen Stelle[11].
Oder bei Elia. Sein Knecht Elisa ist der einzige Zeuge[12] seiner Himmelfahrt. Das reichte als Zeugenschaft nicht, es mussten schon zwei oder drei sein[13]. Deshalb sind es auch mehrere Personen, die vom Tod Jesu am Kreuz berichten: Kriegsleute, Frauen und ein Jünger[14].

Er hätte durch einen Unfall umkommen können. Auch nicht adäquat.
An einer Krankheit zu sterben, schließen wir mal als Möglichkeit aus.

Auch einem Anschlag fiel er nicht zum Opfer, Anschlägen auf sein

---

[11] 1. Mose 1, 24
[12] 2. Könige 2, 11
[13] 5. Mose 19, 15; 2.Kor 13, 1
[14] Joh. 21, 25-27 und Markus 15, 39-40

Leben ist Jesus immer entkommen: Aufgrund seiner Autorität bei der versuchten Steinigung[15], weil sich die jüdischen Religionsbehörden zu dem Zeitpunkt nicht trauten[16] oder weil er rechtzeitig wegging.

So kommt nur noch eine Hinrichtung in Frage, ein gewaltsamer Tod. Dazu war jedoch auch im Altertum ein Prozess notwendig, wie fair dieser auch immer war. In diesem Fall wurde er von der Religionsbehörde angestrebt. Aus staatlicher Sicht hatte Jesus keine Schuld! (Pilatus: Ich finde keine Schuld an ihm[17]) Und doch hat er ihn verurteilt; aus heutiger Sicht Rechtsbeugung und Korruption.

Die religiösen Führer seiner Zeit haben ihn umgebracht. Wir betonen das nicht, um Schuld zuzuweisen, sondern um herauszustellen, dass Jesus jede Form von Religion ablehnte. Dadurch hatte er mächtige Gegner. Sie meinten zu wissen, wie man Gott wohlgefällig wird, nämlich durch das penible Halten der Gesetze und den weiteren Ausführungen und Einzelbestimmungen zu ihnen. Jesus aber brachte eine andere Botschaft, nämlich dass Gott der Vater uns liebt und alles tun will, um die Trennung zu überwinden.
Hinzu kommt: Gott der Vater wollte einfach nicht, dass sein unglaublicher Plan in den Geschichtsbüchern unerwähnt blieb.

Warum jedoch wurde er Mensch?

_____

[15] Joh. 10, 31 ff
[16] Markus 14, 49
[17] Lukas 23, 4

Eine Antwort lesen wir im Römerbrief[18]:

„Das Gesetz des Mose war dazu [nämlich uns von der Sünde zu befreien] nicht imstande; es scheiterte am Widerstand der menschlichen Natur. Deshalb hat Gott als Antwort auf die Sünde seinen eigenen Sohn gesandt. Dieser war der sündigen Menschheit insofern gleich, als er ein Mensch von Fleisch und Blut war, und indem Gott an ihm das Urteil über die Sünde vollzog, vollzog er es an der menschlichen Natur."

Im Hebräerbrief[19] lesen wir:

„Jesus fährt dann fort: Hier bin ich, und das sind die Kinder, die Gott mir gegeben hat."
Weil nun aber alle diese Kinder Geschöpfe aus Fleisch und Blut sind, ist auch er ein Mensch von Fleisch und Blut geworden. So konnte er durch den Tod den entmachten, der mit Hilfe des Todes seine Macht ausübt, nämlich den Teufel, und konnte die, deren ganzes Leben von der Angst vor dem Tod beherrscht war, aus ihrer Sklaverei befreien."

Hier klingt schon ein Sinn seines Todes an, den wir in den folgenden Kapiteln versuchen wollen, weiter und besser zu verstehen.

---

[18] Römer 8, 3
[19] Hebräer 2, 13b - 15

Was sagt Jesus selbst zu seinem Tod?

Jesus hat seine Jünger, und davon wird in den synoptischen[20] Evangelien fast gleichlautend berichtet, auf seinen Tod vorbereitet. Dieser kam für ihn nicht unerwartet, sondern war, wie wir später noch sehen werden, Plan des Vaters, Plan der Dreieinigkeit von Anfang an.

Wir finden drei gemeinsame Ankündigungen vor:

Die erste:

Matth. 16:

21 Danach redete Jesus mit seinen Jüngern zum ersten Mal offen darüber, dass er nach Jerusalem gehen und dort von den Ältesten, den führenden Priestern und den Schriftgelehrten vieles erleiden müsse; er werde getötet werden und drei Tage danach auferstehen.

22 Da nahm ihn Petrus beiseite und versuchte mit aller Macht, ihn davon abzubringen. »Niemals, Herr!«, sagte er. »Auf keinen Fall darf so etwas mit dir geschehen!«

23 Aber Jesus wandte sich um und sagte zu Petrus: »Geh weg von mir, Satan! Du willst mich zu Fall bringen. Was du denkst, kommt nicht von Gott, sondern ist menschlich!«

Markus 8:

31 Jesus sprach mit seinen Jüngern zum ersten Mal darüber, dass der Menschensohn vieles erleiden müsse und von den Ältesten, den führenden Priestern und den Schriftgelehrten verworfen werde. Er werde getötet werden und drei Tage danach auferstehen.

---

[20] Synoptiker sind die ersten drei Evangelisten Matthäus, Markus und Lukas, da sie die gleiche Erzählstruktur haben. Das Johannesevangelium enthält schon theologische Aussagen.

32 Klar und offen redete er darüber. Da nahm Petrus ihn beiseite und versuchte mit aller Macht, ihn davon abzubringen.
33 Aber Jesus wandte sich um, sah seine Jünger an und wies ihn scharf zurecht: »Geh weg von mir, Satan! Denn was du denkst, kommt nicht von Gott, sondern ist menschlich.«

Lukas 9:
22 Denn der Menschensohn wird vieles erleiden müssen«, sagte er, »und wird von den Ältesten, den führenden Priestern und den Schriftgelehrten verworfen werden; er wird getötet werden und drei Tage danach auferstehen.«

Die Aussagen sind fast wortgleich identisch, nur Lukas erwähnt die Geschichte mit Petrus nicht. Vielleicht aus Rücksicht auf seinen Mentor, denn Lukas schreibt aus der Sicht von Petrus. Da er selbst ja Jesus nicht gekannt hat, befragt er Petrus als Zeitzeugen.

Interessant sind mehrere Aussagen:

Zum einen ist immer von den "führenden" Männern der Religion die Rede. Nicht von den führenden Männer der Besatzer, die am ehesten einen Aufstand fürchten mussten. Dieser brach ja einige Jahre nach dem Tod von Jesus los, führte zur Zerstörung des Tempels und damit zum Verschwinden der Glaubensrichtung der Sadduzäer, da deren Theologie auf dem Tempelkult basierte. Diese Männer sahen ihr Religionsgebäude durch Jesus gefährdet und wurden deshalb seine Feinde.

Zum zweiten ist vom Leiden die Rede. Wenn man den Text genau ansieht, geht das Leiden von den Religionsführern aus, nicht vom Tod am Kreuz. Es ist von vielem Erleiden die Rede, nicht nur vom schrecklichen Tod am Kreuz.

Am besten kann man das an den Wehrufen über die Schriftgelehrten sehen:[21]

Sieben Wehrufe lesen wir bei Matthäus. Der Gipfel ist: „Ihr verschließt den Menschen das Himmelreich. Selbst geht ihr nicht hinein, und die, die hineingehen wollen, lasst ihr nicht hinein[22]."

Daran hat Jesus unglaublich gelitten. Weil sie die Kinder seines Vaters vom Kindsein ferngehalten haben.

Zum dritten: Er, Jesus, wird getötet werden und am dritten Tag wieder auferstehen. Bei allen Stellen identisch. Nur das letzte haben die Jünger nicht gehört, wie die Reaktion des Petrus zeigt. Jesus wusste also von Anfang an, dass er getötet werden würde. Kein Zufall oder schreckliches Schicksal, sondern Plan des Vaters zur Rettung seiner Menschen.

Die zweite Ankündigung:
Matth. 17:

22 Als Jesus mit seinen Jüngern in Galiläa zusammen war, sagte er zu ihnen: »Der Menschensohn[23] wird in die Hände der Menschen gegeben werden,

23 und sie werden ihn töten; doch drei Tage danach wird er auferstehen.« Da wurden die Jünger sehr traurig.

---

[21] Matth. 23, 13 - 39: Lukas 11, 39 - 54

[22] Matth. 23, 13

[23] Daniel 7,13 ff. Daniel sieht in einer Vision eine Gestalt wie die eines Menschen Sohn, dem Gott ein ewiges Reich übergibt. Im NT wird Menschensohn nur für Jesus verwendet, betont damit das volle Menschsein und andererseits seine Gottessohnschaft. Nur Jesus selbst verwendet diese Bezeichnung für sich, sie findet sich nicht als Anrede an ihn. (Aus Jerusalemer Bibellexikon, 4.Auflage 1998, Jerusalem Publishing House LTD)

Lukas 9:

43 Alle waren überwältigt von der Größe Gottes. Die Leute waren voller Staunen über alles, was Jesus tat. Er aber sagte zu seinen Jüngern:

44 »Prägt euch gut ein, was ich euch jetzt sage: Der Menschensohn wird in die Hände der Menschen gegeben werden.«

45 Doch sie konnten mit dieser Aussage nichts anfangen. Was damit gemeint war, war ihnen verborgen; sie begriffen es nicht, wagten aber auch nicht, ihn danach zu fragen.

Markus 9:

30 Sie gingen von dort weiter und zogen durch Galiläa. Jesus wollte jedoch nicht, dass jemand davon erfuhr,

31 denn er hatte seinen Jüngern wichtige Dinge zu sagen. »Der Menschensohn wird in die Hände der Menschen gegeben«, erklärte er, »und sie werden ihn töten; doch drei Tage, nachdem man ihn getötet hat, wird er auferstehen.«

32 Die Jünger konnten mit dieser Aussage nichts anfangen, aber sie wagten auch nicht, ihn zu fragen.

Der Inhalt ist wiederum sehr ähnlich. Keine Klage über die Schriftgelehrten, sondern nur die schlichte Aussage: Er werde in die Hände der Menschen gegeben werden, ihnen also in die Hände fallen. Unwillkürlich ist mir der Text eingefallen, der im Hebräerbrief[24] steht:

„Wenn nun aber jemand die Ehre des Sohnes Gottes mit Füßen tritt, wenn er das Blut des Bundes entweiht, durch das er geheiligt worden ist, und damit den Heiligen Geist verhöhnt, durch den er

---

[24] Hebräer 11, 29 - 31

Gottes Gnade erkannt hat – meint ihr nicht auch, dass so jemand eine noch viel härtere Strafe verdient? Wir kennen doch den, der gesagt hat: »Ich bin der Richter, der alles Unrecht straft; ich werde Vergeltung üben.« Und weiter heißt es: »Der Herr wird sein Volk zur Rechenschaft ziehen.«
Ja, es ist schrecklich, dem lebendigen Gott in die Hände zu fallen!"

Vor dem Getrenntsein vom Vater hatte Jesus Angst, dazu kommen wir noch, nicht jedoch vor den Menschen. Deshalb kann er das ganz ruhig sagen.

Auch jetzt verstehen die Jünger nichts. Sie werden traurig oder trauen sich nicht, weiter danach zu fragen. Schon verständlich; wer will schon den geliebten Lehrer, Wundertäter und Begleiter auf so entehrende Weise verlieren.

Die dritte Ankündigung:
Matth. 20:
17 Auf dem Weg hinauf nach Jerusalem nahm Jesus die zwölf Jünger beiseite und sagte zu ihnen:
18 »Wir gehen jetzt nach Jerusalem hinauf. Dort wird der Menschensohn in die Gewalt der führenden Priester und der Schriftgelehrten gegeben. Sie werden ihn zum Tod verurteilen
19 und den Heiden übergeben, die Gott nicht kennen, damit die ihren Spott mit ihm treiben, ihn auspeitschen und schließlich kreuzigen. Doch drei Tage danach wird er auferstehen.«

Markus 10:
32 Sie waren auf dem Weg hinauf nach Jerusalem; Jesus ging voran. Unruhe hatte die Jünger ergriffen, und auch die anderen, die mitgingen, hatten Angst. Er nahm die Zwölf noch einmal beiseite und kündigte ihnen an, was mit ihm geschehen werde.
33 »Wir gehen jetzt nach Jerusalem hinauf«, sagte er. »Dort wird

der Menschensohn in die Gewalt der führenden Priester und der Schriftgelehrten gegeben. Sie werden ihn zum Tod verurteilen und den Heiden übergeben, die Gott nicht kennen.

34 Die werden ihren Spott mit ihm treiben, ihn anspucken, auspeitschen und schließlich töten. Doch drei Tage danach wird er auferstehen.«

Lukas 18:

31 Jesus nahm die Zwölf beiseite und sagte zu ihnen: »Wir gehen jetzt nach Jerusalem hinauf. Dort wird sich alles erfüllen, was bei den Propheten über den Menschensohn steht.

32 Er wird den Heiden übergeben werden, die Gott nicht kennen; er wird verspottet, misshandelt und angespuckt werden;

33 man wird ihn auspeitschen und schließlich töten. Doch drei Tage danach wird er auferstehen.«

34 Die Jünger begriffen von all dem nichts. Der Sinn dieser Worte war ihnen verborgen; sie verstanden nicht, was damit gemeint war.

Auch hier haben wir wieder drei sehr gleichlautende Ankündigungen. Diesmal präziser. Jesus nimmt seine Jünger beiseite. Sie sind die tragenden Personen in seinem Umkreis. Sie müssen verstehen, was passieren wird. Damit sie die anderen dann trösten können. Aber sie verstehen es nicht. Schlimmer: Im Matthäus- und Markusevangelium wird Jesus unmittelbar nach dieser Ankündigung von den Zebedäus-Söhnen Johannes und Andreas bzw. ihrer Mutter um die Plätze links und rechts neben ihm im Himmelreich angegangen[25]. Sie haben wirklich nichts begriffen.

Jesus wird deutlicher: Er wird in die Gewalt der Menschen gegeben, sie werden Jesus anspucken, verlästern, auspeitschen

---

[25] Matth. 20, 20 - 24; Mark 10, 35 - 40

und schließlich hinrichten.

Das Trostwort in allen Berichten hören die Jünger nicht: **Doch** am dritten Tag wird er auferstehen.

Noch eine vierte, einzelne Ankündigung:
Matth. 26:

1 Als Jesus alle diese Dinge gelehrt und seine Rede beendet hatte, sagte er zu seinen Jüngern:

2 »Ihr wisst, dass in zwei Tagen das Passafest beginnt. Dann wird der Menschensohn verraten und gekreuzigt werden.«

Die anderen Synoptiker erwähnen das nicht. Dies ist die einzige Stelle, an der Jesus auf seinen Tod durch Kreuzigung hinweist. In den anderen spricht er nur von seinem Tod. Er wusste also auch die Details seines Todes im Voraus.

Und er wusste vom Verrat durch Judas, worüber er sonst nur am Gründonnerstag während der Einsetzung des Abendmahls redete.

Und eine eingestreute Ankündigung:

Markus 10:

45 Denn auch der Menschensohn ist nicht gekommen, um sich dienen zu lassen, sondern um zu dienen und sein Leben als Lösegeld für viele hinzugeben.

Diese Aussage macht Jesus unmittelbar nach der Bitte von zwei Jüngern, rechts und links neben ihm sitzen zu dürfen im Reich Gottes.

Zum Schluss noch zwei Anmerkungen zum Leiden Jesu; wir haben darüber schon weiter oben geschrieben. Die meisten verstehen darunter sein Leiden beim Tod am Kreuz.

Dieser Tod am Kreuz ist schrecklich, Tod durch Schmerzen und schließlich Ersticken.

Zwei Aspekte sind uns allerdings auch noch wichtig:

a. Jesus litt sehr unter der Erfolglosigkeit seiner Mission, alle Juden zu erreichen:

Matth. 23,37
Jerusalem, Jerusalem, du tötest die Propheten und steinigst die, die Gott zu dir schickt. Wie oft wollte ich deine Kinder sammeln wie eine Henne, die ihre Küken unter ihre Flügel nimmt! Aber ihr habt nicht gewollt.

Lukas 19, 41
Als Jesus sich nun der Stadt näherte und sie vor sich liegen sah, weinte er über sie und sagte: »Wenn doch auch du am heutigen Tag erkannt hättest, was dir Frieden bringen würde! Nun aber ist es dir verborgen, du siehst es nicht.

Am Ende seines Aufenthalts auf Erden weint er über die Stadt und die Menschen, die seine Botschaft nicht annehmen wollen: Die Wunder wohl, aber nicht eine Beziehung zu ihm und zum Vater.

b. Jesus litt sehr unter der schwierigen Entscheidung, seinem Vater gehorsam zu sein.

Matth. 26
36 Da kam Jesus mit ihnen zu einem Garten, der hieß Gethsemane, und sprach zu den Jüngern: Setzt euch hierher, solange ich dorthin gehe und bete. 37 Und er nahm mit sich Petrus und die zwei Söhne des Zebedäus und fing an zu trauern und zu zagen. 38 Da sprach Jesus zu ihnen: Meine Seele ist betrübt bis an den Tod; bleibt hier und wachet mit mir! 39 Und er ging ein wenig weiter, fiel nieder auf sein Angesicht und betete und sprach: Mein Vater, ist's möglich, so gehe dieser Kelch an mir vorüber; doch nicht, wie ich will, sondern wie du willst! 40 Und er kam zu seinen Jüngern und fand sie schlafend und sprach zu

Petrus: Konntet ihr denn nicht eine Stunde mit mir wachen? 41 Wachet und betet, dass ihr nicht in Anfechtung fallt! Der Geist ist willig; aber das Fleisch ist schwach. 42 Zum zweiten Mal ging er wieder hin, betete und sprach: Mein Vater, ist's nicht möglich, dass dieser Kelch vorübergehe, ohne dass ich ihn trinke, so geschehe dein Wille! 43 Und er kam und fand sie abermals schlafend, und ihre Augen waren voller Schlaf. 44 Und er ließ sie und ging wieder hin und betete zum dritten Mal und redete abermals dieselben Worte.

Ähnlich im Markus-Evangelium[26]. Bei Lukas finden wir noch eine Steigerung.

Lukas 22
39 Und er ging nach seiner Gewohnheit hinaus an den Ölberg. Es folgten ihm aber auch die Jünger. 40 Und als er dahin kam, sprach er zu ihnen: Betet, dass ihr nicht in Anfechtung fallt! 41 Und er riss sich von ihnen los, etwa einen Steinwurf weit, und kniete nieder, betete 42 und sprach: Vater, willst du, so nimm diesen Kelch von mir; doch nicht mein, sondern dein Wille geschehe! 43 Es erschien ihm aber ein Engel vom Himmel und stärkte ihn. 44 Und er geriet in Todesangst und betete heftiger. Und sein Schweiß wurde wie Blutstropfen, die auf die Erde fielen. 45 Und er stand auf von dem Gebet und kam zu seinen Jüngern und fand sie schlafend vor Traurigkeit.

Jesus litt unter Todesangst, sein Schweiß war wie Blutstropfen, die auf die Erde fielen. Ein innerlicher Kampf der sich bis zum Schwitzen von Blut steigerte. Wir kennen ja das Sprichwort: Ich habe Blut und Wasser geschwitzt in dieser schwierigen Situation. Doch Jesus hat sich dem Willen des Vaters hingegeben.

---

[26] Markus 14, 32 - 41

Zusammenfassend kann man sagen:
- Jesus wusste von Anfang an, dass sein Tod kein natürlicher sein würde.
- Er wusste auch, dass sein Tod einen Sinn und Zweck hatte.
- Er litt körperlich und seelisch, um seinem Auftrag nachzukommen.

Noch eine wichtige Aussage Jesu zum Schluss[27]:
„Siehe, es kommt die Stunde und ist schon gekommen, dass ihr zerstreut werdet, ein jeder in das Seine, und mich allein lasst. Aber ich bin nicht allein, denn der Vater ist bei mir."
Er wusste, dass sein Vater auch am Kreuz bei ihm sein wird. Auch wenn er ihn dort nicht mehr sehen konnte. Möglicherweise war es das, wovor er sich am meisten fürchtete: Die enge Verbindung mit seinem Vater nicht mehr zu fühlen, die er schon immer hatte.

---

[27] Joh. 16, 32

Was sagt das Neue Testament sonst noch zu seinem Tod?

Es gibt sehr viele Stellen außerhalb der Evangelien, in der Apostelgeschichte und den Briefen, die vom Tod Jesu handeln und davon, was er bedeutet.

Einen Vers des Alten Testaments möchten wir anführen:
Jes. 53
11 Um der Mühsal seiner Seele willen wird er Frucht sehen, er wird sich sättigen. Durch seine Erkenntnis wird der Gerechte, mein Knecht, den Vielen zur Gerechtigkeit verhelfen, und ihre **Sünden wird er sich selbst aufladen**.

Wir haben nun versucht, die Verse zu gruppieren und haben 28 Bedeutungen gefunden, teilweise sind die Verse doppelt aufgeführt. Die Liste erhebt keinen Anspruch auf Vollständigkeit, sie soll nur den unglaublichen Reichtum zeigen, der im Tod Jesu verborgen ist.

1. Frieden
Kol. 1
20: Dadurch, dass Christus am Kreuz sein Blut vergoss, hat Gott **Frieden** geschaffen. Die Versöhnung durch Christus umfasst alles, was auf der Erde, und alles, was im Himmel ist.

2. Versöhnung
Römer 5
 10 Wir sind ja mit Gott durch den Tod seines Sohnes **versöhnt** worden, als wir noch seine Feinde waren. Dann kann es doch gar nicht anders sein, als dass wir durch Christus jetzt auch Rettung

finden werden – jetzt, wo wir versöhnt sind und wo Christus auferstanden ist und lebt.

Kol. 1

20: Dadurch, dass Christus am Kreuz sein Blut vergoss, hat Gott Frieden geschaffen. Die **Versöhnung** durch Christus umfasst alles, was auf der Erde, und alles, was im Himmel ist.

22 Doch jetzt hat **Gott euch mit sich versöhnt durch den Tod**, den Christus in seinem irdischen Körper auf sich nahm. Denn Gott möchte euch zu Menschen machen, die heilig und ohne irgendeinen Makel vor ihn treten können und gegen die keine Anklage mehr erhoben werden kann.

Eph. 2

16 Dadurch, dass er am Kreuz starb, hat er sowohl Juden als auch Nichtjuden **mit Gott versöhnt** und zu einem einzigen Leib, der Gemeinde, zusammengefügt; durch seinen eigenen Tod hat er die Feindschaft getötet.

3. Aus der Gewalt des Todes befreit

Apg. 2

24 Doch Gott hat ihn aus der **Gewalt des Todes befreit** und hat ihn auferweckt; es zeigte sich, dass der **Tod keine Macht über ihn hatte** und ihn nicht festhalten konnte.

1. Kor. 1

17 Denn Christus hat mich nicht beauftragt zu taufen, sondern das Evangelium zu verkünden. Und das darf nicht mit klugen Worten geschehen, weil sonst der Botschaft von **Christus und seinem Tod am Kreuz die Kraft genommen** würde.

2. Tim. 1

10 .. und das ist jetzt, wo Jesus Christus ´in dieser Welt` erschienen ist, Wirklichkeit geworden. Er, unser Retter, hat den

Tod entmachtet und hat uns das Leben gebracht, das unvergänglich ist. So sagt es das Evangelium, …

Hebr. 2

9 Eins jedoch sehen wir bereits: Er selbst, Jesus, der für eine kurze Zeit geringer war als die Engel, ist jetzt aufgrund seines Leidens und Sterbens mit Herrlichkeit und Ehre gekrönt. Denn er hatte den **Tod** auf sich genommen, damit durch Gottes Gnade allen Menschen der Weg zur Rettung offen steht.
14 Weil nun aber alle diese Kinder Geschöpfe aus Fleisch und Blut sind, ist auch er ein Mensch von Fleisch und Blut geworden. So konnte er durch den **Tod den entmachten, der mit Hilfe des Todes seine Macht ausübt, nämlich den Teufel, …**

Hebr. 5

7 Als Christus hier auf der Erde war – ein Mensch von Fleisch und Blut – , hat er mit lautem Schreien und unter Tränen gebetet und zu dem gefleht, der ihn aus der Gewalt des Todes befreien konnte, und weil er sich seinem Willen in Ehrfurcht unterstellte, wurde sein Gebet erhört.

4. Freispruch

Römer 4

25 … ihn, der wegen unserer Verfehlungen dem Tod preisgegeben wurde und dessen Auferstehung uns den **Freispruch** bringt.
18 Wir stellen also fest: Genauso, wie eine einzige Verfehlung allen Menschen die Verdammnis brachte, bringt eine einzige Tat, die erfüllt hat, was Gottes Gerechtigkeit fordert, allen Menschen den **Freispruch** und damit das Leben.

5. Für gerecht erklärt

Römer 5

9 Deshalb kann es jetzt, nachdem wir aufgrund seines Blutes für **gerecht erklärt** worden sind, keine Frage mehr sein, dass wir

durch ihn vor dem kommenden Zorn Gottes gerettet werden.

6. Unsere Rettung

Römer 5

10 Wir sind ja mit Gott durch den Tod seines Sohnes versöhnt worden, als wir noch seine Feinde waren. Dann kann es doch gar nicht anders sein, als dass wir durch Christus jetzt auch **Rettung** finden werden – jetzt, wo wir versöhnt sind und wo Christus auferstanden ist und lebt.

Hebr. 2

9 Eins jedoch sehen wir bereits: Er selbst, Jesus, der für eine kurze Zeit geringer war als die Engel, ist jetzt aufgrund seines Leidens und Sterbens mit Herrlichkeit und Ehre gekrönt. Denn er hatte den Tod auf sich genommen, damit durch Gottes Gnade allen Menschen der **Weg zur Rettung** offen steht.

7. Schuld und Sünde

Römer 5

12 Wir können nun einen Vergleich zwischen Christus und Adam ziehen. Durch einen einzigen Menschen – Adam – hielt die **Sünde** in der Welt Einzug und durch die **Sünde** der Tod, und auf diese Weise ist der Tod zu allen Menschen gekommen, denn alle haben **gesündigt.**

13 Auch damals, als es das Gesetz noch nicht gab, war die **Sünde** schon in der Welt; nur wird sie dort, wo es kein Gesetz gibt, nicht als Schuld angerechnet.

Römer 6

10 Denn sein Sterben war **ein Sterben für die Sünde,** ein Opfer, das einmal geschehen ist und für immer gilt; sein Leben aber ist ein Leben für Gott.

1. Petr. 1

2 Eure Erwählung entspricht dem Plan, den Gott, der Vater, schon vor aller Zeit gefasst hat – dem Plan, euch durch das Wirken seines Geistes zu seinem heiligen Volk zu machen, zu Menschen, die sich Jesus Christus im Gehorsam unterstellen und durch sein Blut von aller **Schuld gereinigt** werden.

1. Petr. 2

24 … er, der unsere **Sünden** an seinem eigenen Leib ans Kreuz hinaufgetragen hat, sodass wir jetzt den **Sünden** gegenüber gestorben sind und für das leben können, was vor Gott richtig ist. Ja, durch seine Wunden seid ihr geheilt.

1. Petr. 3

Christus selbst hat ja ebenfalls gelitten, als er, der Gerechte, für die Schuldigen starb. Er hat mit seinem Tod ein für allemal die **Sünden** der Menschen gesühnt und hat damit auch euch den Zugang zu Gott eröffnet. Ja, er wurde getötet, aber das betraf nur sein irdisches Leben, denn er wurde wieder lebendig gemacht zu einem Leben im Geist.

Römer 8

3 Das Gesetz des Mose war dazu nicht imstande; es scheiterte am Widerstand der menschlichen Natur. Deshalb hat Gott als Antwort auf die **Sünde** seinen eigenen Sohn gesandt. Dieser war der sündigen Menschheit insofern gleich, als er ein Mensch von Fleisch und Blut war, und indem Gott an ihm das **Urteil über die Sünde** vollzog, vollzog er es an der menschlichen Natur.

8. Unsere Verfehlungen

Römer 4

25 … ihn, der wegen **unserer Verfehlungen** dem Tod preisgegeben wurde und dessen Auferstehung uns den Freispruch bringt.

Römer 5

15 Dabei ist allerdings zu beachten, dass Adams **Verfehlung** und die Gnade, die uns in Christus geschenkt ist, nicht zu vergleichen sind. Denn wenn die **Verfehlung** eines Einzigen den Tod über die ganze Menschheit brachte, wird das durch Gottes Gnade weit mehr als aufgewogen – so reich ist die ganze Menschheit durch die Gnade eines einzigen Menschen, Jesus Christus, beschenkt worden.

9. Jesu Tod bringt Leben

Römer 5

18 Wir stellen also fest: Genauso, wie eine einzige Verfehlung allen Menschen die Verdammnis brachte, bringt eine einzige Tat, die erfüllt hat, was Gottes Gerechtigkeit fordert, allen Menschen den Freispruch und damit das **Leben**.

Römer 6

Und da wir mit Christus gestorben sind, vertrauen wir darauf, dass wir auch **mit ihm leben** werden.

10. Taufe

Römer 6

3 Oder wisst ihr nicht, was es heißt, auf Jesus Christus getauft zu sein? Wisst ihr nicht, dass wir alle durch diese **Taufe mit einbezogen** worden sind in seinen Tod?

4 Durch die **Taufe** sind wir mit Christus gestorben und sind daher auch mit ihm begraben worden. Weil nun aber Christus durch die unvergleichlich herrliche Macht des Vaters von den Toten auferstanden ist, ist auch unser Leben neu geworden, und das bedeutet: Wir sollen jetzt ein neues Leben führen.

11. Mit ihm gekreuzigt, mit ihm tot.

Römer 6

5 Denn wenn **sein Tod** gewissermaßen **unser Tod** geworden ist und wir auf diese Weise mit ihm eins geworden sind, dann werden wir auch im Hinblick auf seine Auferstehung mit ihm eins sein.

6 Was wir verstehen müssen, ist dies: Der Mensch, der wir waren, als wir noch ohne Christus lebten, **ist mit ihm gekreuzigt** worden, damit unser sündiges Wesen unwirksam gemacht wird und wir nicht länger der Sünde dienen.

7 Denn wer gestorben ist, ist vom Herrschaftsanspruch der Sünde befreit.

8 Und da wir **mit Christus gestorben** sind, vertrauen wir darauf, dass wir auch mit ihm leben werden.

12. Jesu Opfer für unsere Erlösung

Römer 6

10 Denn sein Sterben war ein Sterben für die Sünde, **ein Opfer**, das einmal geschehen ist und für immer gilt; sein Leben aber ist ein Leben für Gott.

Eph. 2

14 Ja, Christus selbst ist unser Frieden. Er hat die Zweiteilung überwunden und hat aus Juden und Nichtjuden eine Einheit gemacht. Er hat die Mauer niedergerissen, die zwischen ihnen stand, und hat ihre Feindschaft beendet. Denn durch die **Hingabe seines eigenen Lebens** hat er das Gesetz mit seinen zahlreichen Geboten und Anordnungen außer Kraft gesetzt.

Hebr. 9

14 Das Blut Christi jedoch hat eine unvergleichlich größere Wirkung. Denn als Christus sich selbst, von Gottes ewigem Geist

geleitet, Gott dargebracht hat, war das ein **Opfer, dem kein Makel anhaftete**. Deshalb reinigt uns sein Blut bis in unser Innerstes; es befreit unser Gewissen von der Belastung durch Taten, die letztlich zum Tod führen, sodass es uns jetzt möglich ist, dem lebendigen Gott zu dienen.

25 Christus hingegen brachte sich selbst als **Opfer** dar, und er brauchte das nur ein einziges Mal zu tun.

1. Joh. 2

Jesus ist durch seinen Tod zum **Sühneopfer** für unsere Sünden geworden, und nicht nur für unsere Sünden, sondern für die der ganzen Welt.

Römer 3

25 Ihn hat Gott vor den Augen aller Welt zum Sühneopfer für unsere Schuld gemacht. Durch sein Blut, das er vergossen hat, ist die **Sühne** geschehen, und durch den Glauben kommt sie uns zugute. Damit hat Gott unter Beweis gestellt, dass er gerecht gehandelt hatte, als er die bis dahin begangenen Verfehlungen der Menschen ungestraft ließ.

Offb. 1

5 Ihm, der uns liebt und uns durch sein Blut von unseren Sünden **erlöst** hat, ...

13. Kreuz = Gottes Kraft

1. Kor. 1

18 Mit der Botschaft vom **Kreuz** ist es nämlich so: In den Augen derer, die verloren gehen, ist sie etwas völlig Unsinniges; für uns aber, die wir gerettet werden, ist sie der Inbegriff von **Gottes Kraft**.

14. Jesus ist auferstanden

1. Kor. 15

20 Doch es verhält sich ja ganz anders: **Christus** ist von den Toten **auferstanden**! Er ist der Erste, den Gott auferweckt hat, und seine Auferstehung gibt uns die Gewähr, dass auch die, die im Glauben an ihn gestorben sind, auferstehen werden.

21 Der Tod kam durch einen Menschen in die Welt; entsprechend kommt es nun auch durch einen Menschen zur **Auferstehung der Toten.**

Offb. 1

17... Ich bin der Erste und der Letzte

18 und der Lebendige. **Ich war tot, aber jetzt lebe ich in alle Ewigkeit**, und ich habe die Schlüssel zum Tod und zum Totenreich.

15. Nicht mehr fern von Gott

Eph. 2

13 Doch das alles ist durch Jesus Christus Vergangenheit. Weil Christus sein Blut für euch vergossen hat, seid ihr jetzt **nicht mehr fern von Gott**, sondern habt das Vorrecht, in seiner Nähe zu sein.

16. Freier Zutritt zum Vater

Eph. 2

18 Denn dank Jesus Christus haben wir alle – Juden wie Nichtjuden – durch ein und denselben Geist **freien Zutritt zum Vater.**

Hebr. 9

15 Christus ist also der Vermittler eines neuen Bundes. Mit seinem Tod hat er für die unter dem ersten Bund begangenen Übertretungen bezahlt, sodass jetzt alle, die Gott berufen hat,

losgekauft sind und **das ihnen zugesagte unvergängliche Erbe in Besitz nehmen können.**

Hebr. 10
19 Wir haben jetzt also, liebe Geschwister, einen freien und ungehinderten **Zugang** zu Gottes Heiligtum; Jesus hat ihn uns durch sein Blut eröffnet.

1. Petr 3 a
18 Christus selbst hat ja ebenfalls gelitten, als er, der Gerechte, für die Schuldigen starb. Er hat mit seinem Tod ein für allemal die Sünden der Menschen gesühnt und hat damit auch euch den **Zugang zu Gott** eröffnet.

17. Jesu Gehorsam gegen Gott
Phil. 2
7 Im Gegenteil: Er **verzichtete auf alle seine Vorrechte** und stellte sich auf dieselbe Stufe wie ein Diener. Er wurde einer von uns – ein Mensch wie andere Menschen.
8 Aber er erniedrigte sich noch mehr: Im **Gehorsam gegenüber Gott** nahm er sogar den Tod auf sich; er starb am Kreuz wie ein Verbrecher.

18. Unser Schuldschein am Kreuz
Kol. 2
14 Den **Schuldschein**, der auf unseren Namen ausgestellt war und dessen Inhalt uns anklagte, weil wir die Forderungen des Gesetzes nicht erfüllt hatten, hat er für nicht mehr gültig erklärt. Er hat ihn **ans Kreuz genagelt** und damit für immer beseitigt.

19. Wegbereiter unserer Rettung
Hebr. 2
10 In Gott hat ja alles nicht nur seinen Ursprung, sondern auch

sein Ziel, und er will viele als seine Söhne und Töchter an seiner Herrlichkeit teilhaben lassen. Aber um diesen Plan zu verwirklichen, war es notwendig, den **Wegbereiter ihrer Rettung** durch Leiden und Sterben vollkommen zu machen.

Hebr. 5
Doch jetzt, wo er durch sein Leiden vollkommen gemacht ist, kann er die **retten**, die ihm gehorsam sind; ihm verdanken sie alle ihr ewiges Heil.

20. Aus Sklaverei befreien
Hebr. 2
15 … und konnte die, deren ganzes Leben von der Angst vor dem Tod beherrscht war, aus ihrer **Sklaverei befreien**.

Hebr. 9
15 Christus ist also der Vermittler eines neuen Bundes. Mit seinem Tod hat er für die unter dem ersten Bund begangenen Übertretungen bezahlt, sodass jetzt alle, die Gott berufen hat**, losgekauft** sind und das ihnen zugesagte unvergängliche Erbe in Besitz nehmen können.

1. Petr. 1
18 Ihr wisst doch, dass ihr freigekauft worden seid von dem sinn- und ziellosen Leben, das schon eure Vorfahren geführt hatten, und ihr wisst, was der **Preis für diesen Loskauf** war: nicht etwas Vergängliches wie Silber oder Gold,
19 sondern das kostbare Blut eines Opferlammes, an dem nicht der geringste Fehler oder Makel war – das Blut von Christus.

Offb. 5
9 b Denn du hast dich als Schlachtopfer töten lassen und hast mit

deinem Blut Menschen aus allen Stämmen und Völkern für Gott
freigekauft, Menschen aller Sprachen und Kulturen.

21. Unsere Erlösung

Eph. 1

7 Durch ihn, der sein Blut für uns vergossen hat, sind wir **erlöst**;
durch ihn sind uns unsere Verfehlungen vergeben. Daran wird
sichtbar, wie groß Gottes Gnade ist.

Hebr. 9

12 Und was ihm den Weg ins Heiligtum öffnete, war nicht das Blut
von Böcken und Kälbern, sondern sein eigenes Blut. Ein einziges
Mal ist er hineingegangen, und die **Erlösung,** die er bewirkt hat,
gilt für **immer und ewig.**

22. Unsere Reinigung

1. Joh. 1

7 Wenn wir jedoch im Licht leben, so wie Gott im Licht ist, sind wir
miteinander verbunden, und das Blut Jesu, seines Sohnes, **reinigt
uns** von aller Sünde.

Hebr. 9

14 Das Blut Christi jedoch hat eine unvergleichlich größere
Wirkung. Denn als Christus sich selbst, von Gottes ewigem Geist
geleitet, Gott dargebracht hat, war das ein Opfer, dem kein Makel
anhaftete. Deshalb **reinigt** uns sein Blut bis in unser Innerstes; es
befreit unser Gewissen von der Belastung durch Taten, die
letztlich zum Tod führen, sodass es uns jetzt möglich ist, dem
lebendigen **Gott zu dienen.**

23. Ein Testament - und damit sind die Zusagen erst gültig, wenn der Betreffende tot ist

Hebr. 9
16 Mit dem neuen Bund verhält es sich wie mit einem **Testament**. Um ein Testament vollstrecken zu können, muss man nachweisen, dass der, der es aufgesetzt hat, gestorben ist.
17 **Erst im Todesfall wird es gültig**; solange der Betreffende lebt, ist es noch nicht rechtskräftig.

24. Jesu Blut redet
Hebr. 12
24 Und ihr seid zu dem Vermittler des neuen Bundes gekommen, zu Jesus, und seid mit seinem Blut besprengt worden – mit dem **Blut**, das noch viel nachdrücklicher **redet** als das Blut Abels.

25. Neuer Bund
Hebr. 13
20 Der Gott des Friedens, der den großen Hirten seiner Schafe, unseren Herrn Jesus, von den Toten auferweckt hat, nachdem er mit dessen Blut den **neuen, ewig gültigen Bund besiegelt** hatte….

26. Vergebung
Eph. 1
7 Durch ihn, der sein Blut für uns vergossen hat, sind wir erlöst; durch ihn sind uns unsere Verfehlungen **vergeben**. Daran wird sichtbar, wie groß Gottes Gnade ist.

Hebr. 9
22 Überhaupt ist nach dem Gesetz fast jedes Mal Blut nötig, wenn etwas gereinigt werden muss, und ohne das Blut eines Opfers gibt es **keine Vergebung**.

27. Freude Jesu

Hebr. 12

2 Weil Jesus wusste, welche **Freude** auf ihn wartete, nahm er den Tod am Kreuz auf sich, und auch die Schande, die damit verbunden war, konnte ihn nicht abschrecken. Deshalb sitzt er jetzt auf dem Thron im Himmel an Gottes rechter Seite.

28. Blut Jesu

(Es sind nur noch die Stellen aufgeführt, die bisher noch nicht angegeben wurden.)

Hebr. 10

4 Das **Blut von Stieren und Böcken ist eben nicht imstande, Sünden wegzunehmen.**

Hebr. 13

12 Und mit dem Opfer Jesu ist es wie mit diesen Tieropfern: Weil Jesus gekommen war, um das Volk durch sein eigenes **Blut** zu heiligen, musste auch er **außerhalb der Stadtmauern sterben.**

1. Petr. 1

19 … sondern das kostbare **Blut** eines Opferlammes, an dem nicht der geringste Fehler oder Makel war – das Blut von Christus.

Offb. 12

10 Daraufhin hörte ich eine mächtige Stimme im Himmel rufen:»Jetzt ist der Sieg errungen! Gott hat seine Macht unter Beweis gestellt, die Herrschaft gehört ihm. Von jetzt an regiert der, den er als König eingesetzt hat, Christus. Denn der, der unsere Brüder und Schwestern anklagte, ist aus dem Himmel hinausgeworfen worden. Tag und Nacht beschuldigte er sie vor unserem Gott,

11 aber sie haben über ihn triumphiert, weil das Lamm sein **Blut** für sie vergossen hat und weil sie sich ohne Rücksicht auf ihr Leben zur Botschaft von Jesus bekannten, bereit, dafür sogar in den Tod zu gehen.

Wie wurde Jesus auf seinen Tod vorbereitet?

Wir denken, dass Jesus von Anfang an wusste, dass er sterben würde.

Einen Hinweis finden wir bei Lukas[28]:

„Zu dieser Stunde kamen einige Pharisäer und sprachen zu ihm: Mach dich auf und geh weg von hier; denn Herodes will dich töten. Und er sprach zu ihnen: Geht hin und sagt diesem Fuchs: Siehe, ich treibe Dämonen aus und mache gesund heute und morgen, und am dritten Tage werde ich vollendet. Doch muss ich heute und morgen und am Tag danach wandern, denn es geht nicht an, dass ein Prophet umkomme außerhalb von Jerusalem."

Er wusste also, dass er der langen Reihe von Propheten Gottes folgen würde, die umgebracht wurden, weil Leute, denen religiöse Handlungen und das Einhalten von Gesetzen überalles ging, die Botschaften nicht ertragen konnten. Sie wollten nicht die Gnade und Barmherzigkeit Gottes, die Jesus verkündete, sondern ihre Erlösung selbst schaffen.

Und doch brauchte Jesus als Mensch auch eine Stärkung, eine Ermutigung, eine Bekräftigung auf dem richtigen Weg zu sein.

Es gibt den wunderbaren Bericht über den Berg der Verklärung[29]. Unmittelbar davor sprach Jesus zum ersten Mal mit seinen Jüngern darüber, dass er leiden, von seinem Volk verworfen und sterben müsse.[30] Acht Tage danach steigt er nun mit drei Jüngern auf den Berg, um zu beten. Während des Betens veränderte sich

---

[28] Lukas 13, 31 - 33
[29] Lukas 9, 29-36
[30] Lukas 9, 22

sein Gesicht und seine Kleider wurden strahlend weiß.

„ Auf einmal erschienen zwei Männer in himmlischem Glanz und redeten mit Jesus; es waren Mose und Elia. Sie sprachen mit ihm über das Ende, das ihm in Jerusalem bevorstand, und wie sich damit sein Auftrag erfüllen würde."

Die zwei wichtigsten Männer des Alten Testaments erscheinen, um Jesus zu stärken. Zum einen heißt das, dass die beiden in einer anderen Existenz da waren, also nicht tot bis zum Jüngsten Gericht! Zum anderen wussten die beiden jetzt erst, dass Jesus die Erfüllung des Gesetzes war und für sein Volk sterben würde. Noch mehr: Mose steht für das Gesetz, also das geschriebene Wort. Elia steht für die Propheten, also das gesprochene Wort. Beide zusammen verkörpern das ganze Zeugnis des Alten Testaments. Hier aber ist Jesus, das lebendige Wort. Und das wird durch die Stimme des Vaters bekräftigt[31]:
„Dies ist mein Sohn, mein Auserwählter; auf ihn sollt ihr hören!"
Der Ausspruch ähnelt sehr dem, was bei der Taufe Jesu über ihm ausgesprochen wurde[32]:
„Und aus dem Himmel sprach eine Stimme: »Du bist mein geliebter Sohn, an dir habe ich Freude."

Die zweite große Ermutigung durch den Vatergeschieht hier, im Beisein der Zeugen aus dem Alten Testament.
„Auf ihn sollt ihr hören" ist ein Nachklang eines Wortes von Mose, der Jesus bereits angekündigt hatte:[33]
„Einen Propheten wie mich wird dir der HERR, dein Gott, erwecken aus dir und aus deinen Brüdern; dem sollt ihr

---

[31] Lukas 9, 35
[32] Lukas 3,22 b
[33] 5. Mose 18, 15

gehorchen."

Da Jesus dieses Wort kannte, war das eine zusätzliche Ermutigung. Wenn der Vater etwas zweimal in der Bibel sagt, dann hat es ein besonderes Gewicht. Jesus wird erneut als des Vaters Sohn bezeichnet, Jesus konnte also unbeirrt seinen Weg zur Rettung der Menschen fortsetzen.

Für uns enthält dieses Wort des Vaters natürlich noch mehr. Wir sollen auf Jesus und nachdem Jesus ja einen Helfer gesandt hat, auf den Heiligen Geist. Das Alte Testament und die Propheten haben ihre Berechtigung; in den Augen des Vaters ist es jedoch sein Sohn Jesus Christus und der Heilige Geist, die die Führung unseres Lebens innehaben sollen. Nicht Gesetze und Prophetien sind der Inhalt unseres Lebens mit dem Vater, sondern sein Sohn und der Heilige Geist.

Auch Johannes berichtet von einer Aussage Jesu:
„Mein Herz ist jetzt voll Angst und Unruhe. Soll ich sagen: Vater, rette mich vor dem, was auf mich zukommt? Nein, denn jetzt ist die Zeit da; jetzt geschieht das, wofür ich gekommen bin. »Vater, offenbare die Herrlichkeit deines Namens!« Da sprach eine Stimme aus dem Himmel: »Ich habe es getan und werde es auch jetzt wieder tun.«"
Jesus weiß, was auf ihn zukommt. Er sieht jedoch seinen Tod als Verherrlichung des Vaters, nämlich dass der Plan des Vaters, der seit Urzeiten existierte, zur Vollendung kommt. Dafür ist er gekommen. Und wiederum kommt eine Bestätigung seines Vaters.

Wir machen jetzt einen großen Sprung in den Garten Gethsemane:

Das ist schon kurz vor der Verhaftung und Hinrichtung[34].

„Dann verließ Jesus die Stadt und ging wie gewohnt zum Ölberg; seine Jünger begleiteten ihn. Als er dort angekommen war, sagte er zu ihnen: „Betet darum, dass ihr nicht in Versuchung geratet!" Hierauf trennte er sich von ihnen. Etwa einen Steinwurf weit entfernt kniete er nieder und betete: „Vater, wenn du willst, lass diesen bitteren Kelch an mir vorübergehen. Aber nicht mein Wille soll geschehen, sondern deiner." Da erschien ihm ein Engel vom Himmel und stärkte ihn.

Für uns war immer dieser Kelch von großer Bedeutung, den Jesus hier anspricht. Was kann damit gemeint sein? Wir denken, dass Jesus dadurch, dass er die Sünde, das Getrenntsein der Welt vom Vater, auf sich nahm, vom Vater getrennt sein würde. Das war für ihn ein unerträglicher Gedanke. Getrennt Sein von Dem, mit dem er schon immer eine Einheit war. Vater und Sohn waren von Anbeginn zusammen! Und jetzt plötzlich getrennt zu werden. Diese Todesangst kann aus medizinischer Sicht dazu führen, dass man Blut schwitzt. Denken wir an den Ausruf Jesu bei seinem Tode[35]:

„Gegen drei Uhr schrie Jesus laut: »Eli, Eli, lema sabachtani?« (Das bedeutet: „Mein Gott, mein Gott, warum hast du mich verlassen?")

Eigentlich wusste er, dass der Vater auch am Kreuz bei ihm war. Denn er hatte seine Jünger darauf vorbereitet[36]:

„Seht, die Zeit kommt, ja sie ist schon da, wo ihr davonlaufen werdet, jeder dorthin, wo er herkommt, und mich werdet ihr

---

[34] Lukas 22
[35] Matth 27, 46
[36] Joh. 16, 32

allein lassen. Aber ich bin nicht allein; der Vater ist bei mir."
Ich bin nicht allein, der Vater ist bei mir. In dieser schweren
Stunde war die Frage wieder voll da: Vater, bist Du immer bei mir?

Da erschien ein Engel und stärkte ihn. Eine himmlische Stärkung,
nicht eine irdische Ermutigung. Und die befähigte ihn, den Weg
weiter zu gehen.

Es wird nicht darüber berichtet, was da im Einzelnen geschah,
Jesus war jedoch danach bereit, den Weg des Vaters zu gehen.

Der erste Auftrag von Jesus

Es ist die vorherrschende Meinung, dass Jesus nur den Auftrag hatte, ans Kreuz zu gehen und zu sterben, um unsere Schuld zu vernichten.

Es gibt mehrere Stellen im Johannes Evangelium, die einen weiteren wichtigen Auftrag ansprechen[37]:

„Denn ich habe nicht aus mir selbst heraus geredet; der Vater, der mich gesandt hat, hat mir aufgetragen, was ich reden und verkünden soll. Und ich weiß: Bei seinem Auftrag geht es um das ewige Leben. Was ich darum verkünde, verkünde ich so, wie der Vater es mir gesagt hat."
Sein erster Auftrag war also vom Vater zu reden, von himmlischen Dingen, die kein Mensch wissen konnte. Von der Herrlichkeit des Vaters und dass das Königreich Gottes nahe herbeigekommen ist. Und gleichlautend zu den Stellen, wo Jesus von seinem Tun spricht[38] (Er kann nur tun, was er den Vater tun sieht), so kann er auch nur das reden, was der Vater ihm aufgetragen hat!

Dann die Verse vom letzten Aufenthalt im Garten Gethsemane[39], die das weiter ausführen, nämlich In seinem hohepriesterlichen Abschiedsgebet. Dort befindet sich ein Abschlussbericht seiner Tätigkeit auf Erden:

„Ich habe das Werk vollendet, das du mir aufgetragen hast: Ich habe hier auf der Erde deine Herrlichkeit offenbart. Und nun, Vater, gib mir, wenn ich wieder bei dir bin, von Neuem die

---

[37] Joh. 12, 49+50
[38] Joh. 5, 19
[39] Joh. 17, 4+5

Herrlichkeit, die ich schon vor der Erschaffung der Welt bei dir hatte."

Eine auf das Alte Testament verweisende Stelle finden wir auch bei Johannes:[40]
„»Wie mich der Vater geliebt hat, so habe ich euch geliebt. Bleibt in meiner Liebe! Wenn ihr meine Gebote haltet, werdet ihr in meiner Liebe bleiben, so wie ich immer die Gebote meines Vaters gehalten habe und in seiner Liebe bleibe. Ich sage euch das, damit meine Freude euch erfüllt und eure Freude vollkommen ist. Liebt einander, wie ich euch geliebt habe; das ist mein Gebot. Niemand liebt seine Freunde mehr als der, der sein Leben für sie hergibt. **Ihr seid meine Freunde**, wenn ihr tut, was ich euch gebiete. Ich nenne euch Freunde und nicht mehr Diener. Denn ein Diener weiß nicht, was sein Herr tut; ich aber habe euch alles mitgeteilt, was ich von meinem Vater gehört habe."
Jesus nennt seine Nachfolger seine Freunde, denen er alles mitgeteilt hat, was er von seinem Vater gehört hat. Das ist schon etwas sehr besonderes. Denn es gibt im Alten Testament nur einen Freund Gottes, Mose[41]:
„Und der HERR redete mit Mose von Angesicht zu Angesicht, wie ein Mann mit seinem Freund redet."
So sind wir jetzt durch Jesus mit dem Vater verbunden.

Er hat zu Ende gebracht, was sein erster Auftrag war, nämlich die Herrlichkeit Gottes des Vaters den Israeliten zu offenbaren, und zu zeigen, wie der Vater Jesu wirklich ist. Wie oft redete er vom Königreich seines Vaters, dass es nahe ist und ergriffen werden kann. Die übernatürlichen Wunder, die er tat, zeugten vom Anbrechen dieser neuen Zeit. Er handelte aber nicht von sich aus,

---

[40] Joh. 15, 9 - 15
[41] 2. Mose 33, 11

denn er konnte nur tun, was er den Vater tun sah[42].

Der einzige Evangelist, der das begriffen hatte, war Johannes[43]:

„Und das Wort wurde Fleisch und wohnte unter uns, und **wir haben seine Herrlichkeit angeschaut**, eine Herrlichkeit als eines Eingeborenen Sohnes vom Vater, voller Gnade und Wahrheit."

Dass mit diesem Auftrag auch Leiden verknüpft war, sehen wir bei Lukas[44]:

„Als Jesus sich nun der Stadt Jerusalem näherte und sie vor sich liegen sah, weinte er über sie und sagte: »Wenn doch auch du am heutigen Tag erkannt hättest, was dir Frieden bringen würde! Nun aber ist es dir verborgen, du siehst es nicht. Es kommt für dich eine Zeit, da werden deine Feinde rings um dich einen Wall aufwerfen, dich belagern und dich von allen Seiten bedrängen. Sie werden dich zerstören und deine Kinder, die in dir wohnen, zerschmettern und werden in der ganzen Stadt keinen Stein auf dem anderen lassen, weil du die Zeit, in der Gott dir begegnete, nicht erkannt hast.«

Oder der weitere Ausruf[45] Jesu bei Matthäus:

„Jerusalem, Jerusalem, du tötest die Propheten und steinigst die, die Gott zu dir schickt. Wie oft wollte ich deine Kinder sammeln, wie eine Henne ihre Küken unter ihre Flügel nimmt! Aber ihr habt nicht gewollt."

Und die Zusammenstöße mit der Religionsbehörde, die seinem ersten Auftrag fast immer im Wege stand[46]:

„Daraufhin kamen die Pharisäer zusammen und berieten, wie sie Jesus zu einer Äußerung verleiten könnten, die sich gegen ihn

---

[42] Joh. 5, 19

[43] Joh. 1, 14

[44] Luk. 19, 41 ff

[45] Matth. 23, 37; Luk. 13, 34

[46] Matth. 22, 15

verwenden ließe."
Und schließlich die ausgesprochen aggressive Auseinandersetzung im kompletten Kapitel 23 von Matthäus.

Dieser erste Auftrag, nämlich die Herrlichkeit Gottes den Israeliten zu offenbaren und ihnen seinen und ihren Vater vorzustellen, war nun abgeschlossen, wenn auch nicht von allzu viel Erfolg gekrönt. Denn die Menschen haben ihn abgelehnt, vorneweg die Religionsbehörde, die ihm schon lange nach dem Leben trachtete und schließlich am Vortag seiner Hinrichtung auch die enttäuschten Leute in Jerusalem, die schrien: „Kreuzige ihn!"
Doch er wusste, dass seine Mission auch in diesem Punkt nicht vergebens war: Die Millionen von Christen, die es heute gibt und die unbändige Durchschlagskraft seiner Lehre durch die Jahrhunderte zeigen das.

Nun kommt die zweite Aufgabe. Der Evangelist Lukas berichtet darüber[47]:
„Aber ich muss mich taufen lassen mit einer Taufe, und wie ist mir so bange, bis sie vollendet ist!"

Das ist der zweite Auftrag. Die erste Taufe war die durch Johannes den Täufer, hinein in die Welt.
Die zweite Taufe ist sein Sterben, hinein in die Schuld und das Leiden der Welt, um den wichtigsten Auftrag zu erfüllen, den der Vater für ihn hatte:
Seine Kinder zu ihm zurückzubringen.

---

[47] Luk. 12, 50

Sein Tod am Kreuz und die Ereignisse dabei

Die Hinrichtung nach einem kurzen Prozess im Hohen Rat und der erforderlichen Zustimmung von Pontius Pilatus zum Todesurteil erfolgte am Morgen des 14. Nissan des Jahres 30 (nach Johannes).

Auf seinem Weg zur Hinrichtungsstätte war Jesus durch die Verhöre bereits so geschwächt, dass er sein Kreuz nicht mehr tragen konnte. Markus berichtet[48]: (auch Matthäus[49] und Lukas[50]!) „Und sie zwangen einen, der vorüberging, Simon von Kyrene, der vom Feld kam, den Vater des Alexander und des Rufus, dass er ihm das Kreuz trage." Ein glücklicher Zufall will es nun, dass sich diese aus dem Text entwickelte Hypothese durch einen archäologischen Fund stützen lässt:
Im Jahre 1942 wurde im Kidrontal in Jerusalem in einem einfachen, vielleicht Diasporajuden
gehörenden Felsengrab ein Ossuar (ein steinerner Kasten zur Aufbewahrung von Gebeinen)
mit eingeritzten Graffiti gefunden:

---

[48] Mark. 15, 21
[49] Matth. 27, 32
[50] Luk. 23, 26

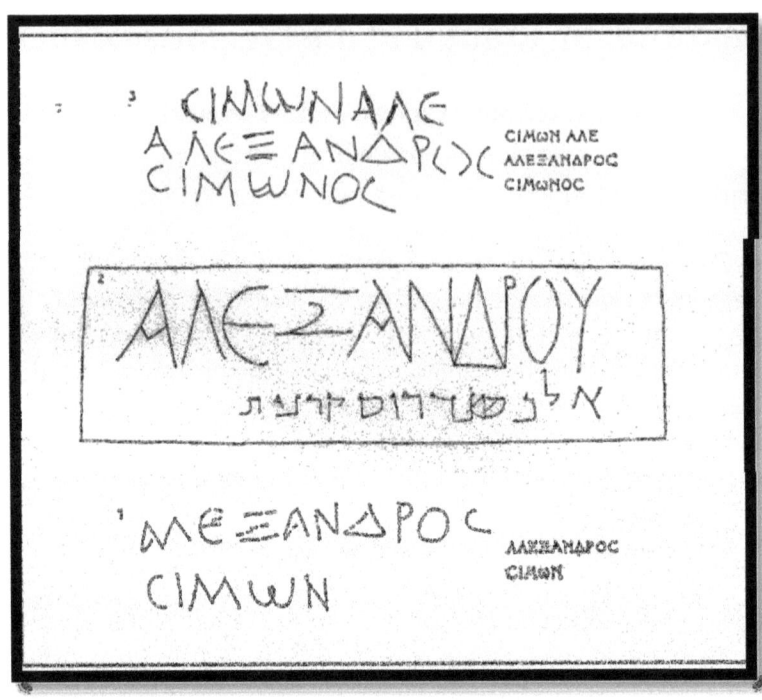

Die Darstellung zeigt in der Mitte den Deckel;
oben und unten die beiden Längsseiten des Ossuars.

Auf den beiden Längsseiten steht jeweils griechisch der Name
„Alexandros, Sohn des Simon"
Im Deckel steht abermals griechisch der Name „Alexandros",
darunter auf aramäisch ebenfalls der Name „Alexandros" mit dem
Zusatz: „Kyrenaier".
Bei einer geschätzten Einwohnerzahl Jerusalems von 60.000 ist es
höchst wahrscheinlich, dass es nur einen Alexander aus Cyrene
gab, der einen Simon zum Vater hatte. Mithin handelt es sich wohl
um das Grab eben jenes Alexanders aus Mark 15, 20. Markus hat
also offenbar tatsächlich historisches Traditionsgut aufbewahrt.
Die beiläufige Erwähnung in den Evangelien wird durch diesen

Fund bestätigt.[51]

Gegen 9 Uhr morgens: Das Kreuz liegt am Boden, Jesus wird nackt
(ob er einen Lendenschurz trug ist umstritten) darauf genagelt
und dann wird das Kreuz aufgerichtet und in ein vorbereitetes
Loch in die Erde gestellt. Ein unehrenhafter, grausamer Tod stand
Jesus bevor, der nur Nichtrömern vorbehalten war. Ein Römer
durfte nur in Ausnahmefällen gekreuzigt werden.
Eine weitere Prophetie über Jesus wird nun durch die römischen
Soldaten erfüllt. Da sein Untergewand aus einem Stück gewebt
war, sicherlich ein Geschenk einer Jüngerin an ihn, wird es unter
den Soldaten verlost[52]:
„Sie teilen meine Kleider unter sich, und über mein Gewand
werfen sie das Los."
Es war üblich, dass die Soldaten die Kleider des Hingerichteten
erhielten.

Gegen 12 Uhr kam eine Finsternis über das Land[53] bis 15 Uhr. Sehr
bemerkenswert ist, dass alle Evangelisten über diesen Vorgang
berichten. Die Finsternis als der Gegenspieler der Dreieinigkeit
breitet sich nun aus, in Erwartung des großen Sieges über Gott.
Der Tod Jesu sollte Satan als den endgültigen Gewinner dastehen
lassen. Paulus schreibt darüber im Epheserbrief[54]:
„Denn unser Kampf richtet sich nicht gegen ´Wesen von` Fleisch
und Blut, sondern gegen die Mächte und Gewalten der Finsternis,
die über die Erde herrschen, gegen das Heer der Geister in der
unsichtbaren Welt, die hinter allem Bösen stehen."

---

[51] Zitiert aus der Vorlesung „Jesus von Nazareth" von Prof. Knut
Backhaus WS 2012/13 LMU München
[52] Psalm 22, 19
[53] Matth. 27, 45; Luk. 21, 44; Matth. 27, 45; Mark. 15, 33
[54] Eph. 6,16

Für die Zeit zwischen 9 Uhr und seinem Tod sind uns noch die sieben letzten Worte Jesu überliefert:

1. „Vater, vergib ihnen, denn sie wissen nicht, was sie tun.“[55]
   Vergebung hatte immer eine große Bedeutung in den Reden Jesu. So auch hier: als erstes seiner letzten Worte vergibt er. Jesus könnte die Soldaten, die ihn kreuzigen, den Pöbel, der seine Kreuzigung verlangt, den jüdischen Hohen Rat oder auch Pontius Pilatus (jeden einzeln oder alle zusammen) gemeint haben.
   Im selben Sinne hatte er seine Zuhörer in der Bergpredigt aufgefordert: „Liebet eure Feinde und betet für die, die euch verfolgen.“[56]

2. „Amen, ich sage dir: Heute noch wirst du mit mir im Paradies sein.“[57]
   Diese Äußerung ist an einen der beiden Verbrecher (Schächer) gerichtet, die links und rechts von Jesus gekreuzigt wurden. Er sagt dies zu dem später als Dismas bezeichneten „guten Dieb“, nachdem dieser den reuelosen zweiten Verbrecher zurechtgewiesen hatte, der Jesus als falschen Messias verhöhnte, da er als angeblicher Sohn Gottes nicht die Macht besäße, selbst vom Kreuz zu steigen und auch die beiden anderen zu retten. Im Gegensatz dazu bekennt der „reuige Verbrecher“ seine schlechten Taten und anerkennt die Gottessohnschaft Jesu. Jesus handelt hier gemäß seinen Aussagen und Versprechen: „Wer zu mir kommt, den werde ich nicht hinaus stoßen.“[58] Hier geht es darum, dass jeder zu Gott finden kann, auch im letzten Augenblick, egal welche Schuld er durch seine Taten auf sich geladen

---

[55] Luk. 23, 34
[56] Matth. 5, 44
[57] Luk. 23, 43
[58] Joh 6, 35

hat. Und er wird mit Jesus noch heute im Paradies sein. Damit ist nicht der Garten Eden gemeint, sondern das Paradies ist der Ort, an dem die Nachfolger Jesu auf seine Wiederkunft und ihre eigene Auferstehung warten.

3. „Frau, siehe, dein Sohn!" und: „Siehe, deine Mutter!"[59] Diese Worte sind an Maria, seine verwitwete Mutter und an „den Jünger den er liebte" (in der kirchlichen Tradition der Apostel Johannes) gerichtet. Die direkte Auslegung sieht darin die Fürsorglichkeit Jesu für die Seinen noch in seiner Todesstunde. Luther (1912) übersetzt: „Weib, siehe, das ist dein Sohn!" und „Siehe, das ist deine Mutter!" An seiner Stelle gibt Jesus seiner Mutter einen anderen Sohn (u. a. für ihre Versorgung)

4. „Mein Gott, mein Gott, warum hast Du mich verlassen?"[60] Diese Worte zitieren den 22. Psalm, in dem Jesus den Klageruf eines von Gott verlassenen Dieners aufgreift bzw. den Psalm als Sterbegebet spricht. Auf der einen Seite wird dieser Ausspruch als Ausdruck von Jesu Verzweiflung verstanden, der sich von Gott verlassen sieht. Er ist nicht nur von seinen Jüngern verlassen. Andererseits gilt dieser Ausruf als Beleg des vollkommenen – leiblichen, seelischen wie geistlichen – Leidens, das Jesus in seiner menschlichen Gestalt auf sich nahm. Wir sehen in dem Vers nicht so sehr das „von Gott Verlassensein" sondern das „Getrenntsein vom Vater" durch die Sünden der Welt, die Jesus auf sich nahm. Darin bestand sein eigentliches Leiden und das was das, was er am Vorabend im Garten Gethsemane so fürchtete.
In diesem Psalm wird später das Gottvertrauen wieder hergestellt.

---

[59] Joh. 19, 26 - 27
[60] Mark. 15, 34; Matth. 27, 46

5. „Mich dürstet."[61]
   Das ist die Aussage zur menschlichen Natur Jesu. Von den
   Kirchenvätern wird die Aussage auch als Argument gegen
   den Doketismus verwendet, der die Auffassung vertrat,
   dass Jesus kein echter Mensch gewesen sei.
   Jesus wird ein Schwamm mit Essig[62] gereicht, nicht jedoch
   um ihm zu trinken zu geben, sondern um zu sehen, ob Elia
   kommt und ihn rettet.
   Nach Matthäus[63] gaben die Soldaten Jesus vor der
   Kreuzigung mit Galle vermischten Wein zu trinken, den er
   jedoch ablehnte. Der Jerusalemer Talmud berichtet, man
   habe vor der Kreuzigung den Hinzurichtenden einen
   betäubenden Trank gereicht, den mitleidige Personen,
   gewöhnlich vornehme Frauen Jerusalems, auf ihre Kosten
   bereiten ließen.

6. „Es ist vollbracht." [64]
   Diese Aussage ist die Ergänzung zum hohepriesterlichen
   Gebet (siehe Kapitel 5), zu seinem ersten Auftrag. Jetzt ist
   auch sein zweiter Auftrag erfüllt: Er hat die Kinder des
   Vaters wieder mit ihm verbunden. Der Sündenfall Adams
   ist rückgängig gemacht. Der Sündlose starb für die von
   Gott Getrennten. Der Schöpfer starb für seine Geschöpfe.
   Ein unerhörter Vorgang!

7. „Vater, in deine Hände lege ich meinen Geist."[65]
   In der letzten Äußerung klingt ein Psalm[66] an: „Du wirst
   mich befreien aus dem Netz, das sie mir heimlich legten;
   denn du bist meine Zuflucht. In deine Hände lege ich voll
   Vertrauen meinen Geist." Auch das ist ein Beleg für das

---

[61] Joh. 19, 28
[62] Matth. 27, 48; Mark. 15, 36; Lukas 23, 36 b; Joh. 19, 29-30
[63] Matth. 27, 34
[64] Joh. 19, 30
[65] Luk. 23, 46
[66] Psalm 31, 5 - 6

rückhaltlose Vertrauen Jesu in seinen Vater. Hier an dieser Stelle wird das Misstrauen Adams überwunden, hier genau erfüllt Jesus den zweiten Auftrag des dreieinigen Gottes.

Gegen 15 Uhr starb Jesus. Erstaunliche Dinge passierten[67]: „Im selben Augenblick riss der Vorhang im Tempel von oben bis unten entzwei; die Erde begann zu beben, die Felsen spalteten sich, und die Gräber öffneten sich. Viele verstorbene Heilige wurden auferweckt. Sie kamen nach der Auferstehung Jesu aus ihren Gräbern, gingen in die Heilige Stadt und erschienen vielen Menschen."

Der Vorhang des Tempels, 30 Ellen hoch und vier Finger stark (15 Meter hoch und ca 10 cm dick), der das Allerheiligste vom Vorraum abtrennte, zerriss und gab den Blick frei auf die Bundeslade mit den Cherubinen. Dort hinein ins Allerheiligste durfte der Hohepriester nur einmal im Jahr, um Vergebung für die Sünden des Volkes zu erbitten. Und nur er! Falls ihm etwas zustoßen sollte, hätte man ihn nicht holen können. Deshalb hatte er vorsichtshalber ein Seil um den Fuß. So konnte man ihn herausziehen. Und das liegt nun alles entblößt da. Die Herrlichkeit Gottes hatte den Tempel nach Hesekiel 10 und 11 schon lange verlassen. Nun ist der Alte Bund aufgehoben, der Zutritt zum Gnadenthron ist frei. Kein menschlicher Hohepriester ist mehr nötig; Jesus ist der Hohepriester. Wie im Hebräerbrief[68] steht: „Gott selbst hat ihn zum Hohenpriester ernannt, zu einem

---

[67] Matth 27, 51 ff; Markus 15, 38, Luk 23, 44+45
[68] Hebr. 5, 10

Hohenpriester von derselben priesterlichen Ordnung wie Melchisedek."[69]

Das Erdbeben öffnete viele Gräber, was nicht ungewöhnlich bei einem solchen Naturereignis war. Die vor den Zugang gestellten Steine rollten weg. Dass jedoch Heilige auferweckt wurden und den Leuten In Jerusalem erschienen, war ein Wunder. Übrigens wurden sie auferweckt, hatten also ihre vorige menschliche Gestalt. Im Gegensatz zu Jesus, der auferstanden ist und danach einen neuen Körper hatte.

Da es Rüsttag vor dem Sabbat war, dazu auch noch **der** Sabbat des Passah-Festes war, wollten die Juden die drei Verbrecher nicht über den Sabbat hinaus am Kreuz hängen sehen (eine Abnahme am Sabbat wäre Arbeit gewesen und das war verboten), schlugen sie vor, den noch Lebenden die Beine zu brechen, damit der Tod schneller eintrete. Jesus jedoch war schon gestorben und so erfüllte sich das Schriftwort[70]:
„Denn dies geschah, damit die Schrift erfüllt würde: "Kein Bein von ihm wird zerbrochen werden.[71]"
Deshalb ist Jesu Leib am Kreuz nicht gebrochen worden, wie manchmal fälschlicherweise in Gottesdiensten geredet wird. Er wurde dahingegeben.
Zur gleichen Zeit wurden im Tempel die Passah-Lämmer

---

[69] Melchisedek war zur Zeit Abrahams ein Priester in Jerusalem: 1. Mose 14, 18: Aber Melchisedek, der König von Salem, trug Brot und Wein heraus. Und er war ein Priester Gottes des Höchsten und segnete ihn und sprach: Gesegnet seist du, Abram, vom höchsten Gott, der Himmel und Erde geschaffen hat; ... Es findet sich im Alten Testament keine weitere Erwähnung, jedoch im Neuen Testament 8 Stellen im Hebräerbrief.
[70] Joh. 19, 36
[71] Psalm 34, 21

geschlachtet. Eine unglaubliche Parallele und Bestätigung, dass Jesus das wahre Lamm Gottes ist. Eine Vorschrift aus den Mose-Büchern befiehlt zur Zubereitung des Passah-Lamms[72]:

„In einem Haus soll es gegessen werden; du sollst nichts von dem Fleisch aus dem Haus hinausbringen, und ihr sollt kein Bein an ihm zerbrechen."

Deshalb ist Jesu Leib nicht für uns gebrochen worden, wie manchmal bei der Austeilung des Abendmahls gesagt wird. Er wurde dahingegeben. Ein Opfer mit einem gebrochenen Knochen wäre ein unwürdiges Opfer.

Jesus als das wahre Passah-Lamm erfüllt auch diese Gebote aus der Schrift.

Der Tod Jesu wurde von den Soldaten überprüft[73]:

„Einer der Soldaten durchbohrte mit einem Speer seine Seite, und sogleich kam Blut und Wasser heraus."

Das ist aus medizinischer Sicht ein untrügliches Zeichen für den Tod. Wenn sich das tote Blut auflöst, bleiben ein wasserähnliches Serum und verklumpte Blutkörperchen zurück. Da Serum äußerlich kaum von Wasser zu unterscheiden ist, kann man also durchaus von "Blut und Wasser" sprechen.

Dazu wird auch hier eine Prophetie aus dem Alten Testament erfüllt[74]:

„...und sie werden auf mich blicken, den sie durchbohrt haben,.."

Dann haben wir noch das erste Zeugnis von Heiden über Jesus als Sohn Gottes[75]:

„ Der Hauptmann und die Soldaten, die mit ihm zusammen beim

---

[72] 2. Mose 12, 46; 4. Mose 9, 12
[73] Joh. 19, 34
[74] Sach. 12, 10
[75] Matth. 27, 54

Kreuz Jesu Wache hielten, waren zutiefst erschrocken über das Erdbeben und die anderen Dinge, die sie miterlebt hatten, und sagten: Dieser Mann war wirklich Gottes Sohn."

Jesus wurde schließlich in einem noch unbenutzten Felsengrab, das Josef von Arimatäa, ein Jünger Jesu für sich gebaut hatte, beigesetzt (nach Johannes mit wohlriechenden Ölen, nach den anderen Evangelien ohne Balsamierung, nur in ein Leichentuch gehüllt).

Was war der Plan Gottes des Vaters?

Nun haben wir den Tod Jesu aus verschiedenen Blickwinkeln betrachtet.

Was aber war der Plan des Vaters dahinter?

Was war das eigentliche Ziel, das der Vater damit verfolgte?

Denn dass der Vater einen Plan hatte, das steht im zweiten Brief an Timotheus[76]:

„Er ist es ja auch, der uns gerettet und dazu berufen hat, zu seinem heiligen Volk zu gehören. Und das hat er nicht etwa deshalb getan, weil wir es durch entsprechende Leistungen verdient hätten, sondern aufgrund seiner eigenen freien Entscheidung. **Schon vor aller Zeit war es sein Plan gewesen, uns durch Jesus Christus seine Gnade zu schenken.**"

Jesus ging vom Vater aus und er würde zurückkehren[77]!

„Jesus aber wusste, …. **dass er von Gott gekommen war und wieder zu Gott ging.**"

Um das zu verstehen, müssen wir weit zurückgehen. Und es ist in drei Worten verborgen[78].

Das erste ist Dreieinigkeit.

Diese gab es schon, bevor die Zeit begann und das Universum geschaffen wurde! Dazu müssen wir wissen, dass die Zeit und unsere sichtbare Welt in die unsichtbare Welt eingebettet sind. Die unsichtbare Welt war vorher da und wird nach der heute für uns sichtbaren Welt auch da sein. Die sichtbare Welt ist vollkommen umgeben von der unsichtbaren. Wir können sie uns wie ein Rechteck vorstellen, das in eine unendliche Fläche

---

[76] 2. Tim 1, 9
[77] Joh. 13, 3b
[78] Einige Gedanken dieses Kapitels entstammen Predigten von C. Baxter Kruger und Wayne Jacobson.

eingebettet ist. Raum und Zeit sind darin begrenzt. Die unsichtbare Welt aber ist räumlich nirgends begrenzt ist und die Zeit keine eindimensionale Größe, die nur vorwärts abläuft. Wenn Zeit und Raum dann überhaupt noch existieren …

Die Urkirche war am Anfang von zwei Strömungen gefährdet: Einerseits von Menschen, die verneinten, dass Jesus Christus wahrer Gott war. Die Arianer waren die Hauptvertreter dieser Auffassung. Jesus war ihrer Ansicht nach ein geschaffener Logos (vergleiche Johannes-Prolog), aber nicht gottgleich.
Die andere Strömung sagte, dass Gott allein und einsam sei und nur der Welt gegenüber sein Gesicht wechselt.
Die Urkirche jedoch entdeckte, dass die Beziehung zwischen Vater, Sohn und Geist, die wir im Neuen Testament erleben, keine bloße Form war, sondern die ewige Wahrheit über Gott ist. Gott war, ist und bleibt Vater, Sohn und Heiliger Geist und wird es immer sein. Die wunderbare Antwort Gottes an Mose am brennenden Dornbusch auf seine Frage, wer er denn sei, war: **„Ich bin der ich bin da."** Die französische Bible du Semeur übersetzt: **„Ich bin derjenige, der ist."**

Auf dem Konzil von Nicäa (325 n. Chr.) wurde die Lehre von der Dreieinigkeit zum Glaubensinhalt der Christen erklärt. Unser Glaubensbekenntnis basiert darauf[79]. Hier wird deutlich, dass

---

[79] Ich glaube an den einen Gott, den Vater, den Allmächtigen, den Schöpfer alles Sichtbaren und Unsichtbaren.
Und an den einen Herrn Jesus Christus, den Sohn Gottes, der als Einziggeborener aus dem Vater gezeugt ist, (*das heißt: aus dem Wesen des Vaters*), Gott aus Gott, Licht aus Licht, wahrer Gott aus wahrem Gott, *gezeugt, nicht geschaffen, eines Wesens mit dem Vater (homoousion to patri))*;
durch den alles geworden ist, was im Himmel und was auf Erden ist; der für uns Menschen und wegen unseres Heils herabgestiegen und Fleisch geworden ist,
Mensch geworden ist, gelitten hat und am dritten Tage auferstanden ist, aufgestiegen ist zum Himmel,

Jesus Gott ist.

Es gab jedoch nie eine Zeit, in der es nur Gott gab, sozusagen ein abstraktes Wesen, irgendein großer namenloser Beweger, irgendeine gesichtslose Kraft irgendwo da oben. Von Ewigkeit zu Ewigkeit **ist** Gott Vater, Sohn und Geist und das bedeutet, dass Gott im Grunde genommen ein auf Beziehung angelegtes Wesen ist: Gemeinschaft, Zusammengehörigkeit und Liebe standen und stehen immer im Mittelpunkt von Gottes Sein. Es ist sehr wichtig das zu verstehen und zu erkennen, dass das gemeinsame Leben von Vater, Sohn und Heiligem Geist nicht langweilig oder einsam ist. Es gibt keine Leere in dieser Beziehung, keine Angst, kein Nichtwissen vom anderen. In dem Buch[80] „Die Hütte" wird das wunderbar ausgeführt: Alles was der Vater weiß, wissen auch der Sohn und der Heilige Geist. Technisch ausgedrückt: eine permanente Synchronisation.

Wenn wir also verstehen wollen, warum Jesus starb, müssen wir uns mit dieser unglaublichen Gemeinschaft beschäftigen. Jemand hat einmal gesagt: Man kann nicht alleine lieben. Wenn Gott Liebe ist, kann er nicht eine Einzelperson sein, sondern es muss sich um eine Gemeinschaft handeln. Liebe braucht ein Gegenüber. Eine reichhaltige, liebeserfüllte, überquellende und glorreiche Gemeinschaft von Vater, Sohn und Heiligem Geist. Denn dieser dreieinige Gott ist der Schöpfer dieser Welt, wie wir in den ersten drei Versen der Bibel nachlesen können[81]:

1 Im Anfang schuf **Gott** Himmel und Erde.

2 Und die Erde war wüst und leer, und Finsternis lag auf der Tiefe;

---

kommen wird um die Lebenden und die Toten zu richten;
Und an den Heiligen Geist.

Diejenigen aber, die da sagen „es gab eine Zeit, da er nicht war" und „er war nicht, bevor er gezeugt wurde", und er sei aus dem Nichtseienden geworden, oder die sagen, der Sohn Gottes stamme aus einer anderen Hypostase oder Wesenheit, oder er sei geschaffen oder wandelbar oder veränderbar, die verdammt die katholische Kirche.

[80] „Die Hütte" von William Pauls Young, Allegria Verlag 2009. Kapitel 8 („Befehlskette")

[81] 1. Mose 1, 1-3

und der **Geist Gottes** schwebte über dem Wasser.
3 Und Gott **sprach**: Es werde **Licht**! Und es ward Licht. (Siehe dazu Johannes Prolog[82] und Johannes 8, 12 und 12, 46)

Wenn also dieser Gott die Erde geschaffen hat, dann muss diese Gemeinschaft vorher bestanden haben. Und Ziel dieser Gemeinschaft war, den Menschen in dieses Liebesdreieck mit hinein zunehmen. Wir sind mitten drin in dieser unglaublichen, von Liebe überströmenden Beziehung. Das ist der Platz, den der Vater für uns vorbereitet hat: Wohnungen bei ihm. Jesus führt das so aus[83]:
„ Im Haus meines Vaters gibt es viele Wohnungen. Wenn es nicht so wäre, hätte ich dann etwa zu euch gesagt, dass ich dorthin gehe, um einen Platz für euch vorzubereiten?"
Und eine zweite Stelle aus Johannes[84]:
„Ich in ihnen und Du in mir – so sollen sie zur völligen Einheit gelangen, damit die Welt erkennt, dass Du mich gesandt hast und **dass sie von dir geliebt sind, wie ich von dir geliebt bin.**"
Diese Aussage Jesu übersteigt unseren Verstand. So wie der Vater seinen Sohn liebt, so liebt er seine Geschöpfe. Die gleiche Liebesbeziehung, die er mit seinem Sohn hat, will der Vater mit uns haben.

Das zweite Wort ist Himmelfahrt.
Das zweite Wort, das beantwortet, warum Jesus starb und was in seinem Tod geschah, ist das Wort Himmelfahrt. Zu dieser Stunde sitzt ein Mann zur Rechten Gottes, des allmächtigen Vaters[85]. In diesem Moment lebt und wohnt ein Mensch in dieser göttlichen Beziehung. Am dritten Tag ist er von den Toten auferstanden und nachdem er Vielen erschienen ist, in den Himmel aufgestiegen und hat sich zur Rechten des Vaters gesetzt. So sagt es das Glaubensbekenntnis.

---

[82] Joh. 1, 1-2
[83] Joh. 14, 2
[84] Joh. 17, 23 b
[85] Apg. 7, 56

Es gibt keine erstaunlichere Nachricht im gesamten Universum als die, dass jetzt ein Mensch im trinitarischen Leben Gottes existiert. Es war kein Engel oder Geist, den Stephanus zur Rechten des Vaters stehen sah. Es war Jesus. Als Mensch! Als Mann! Für diese Aussage wurde er hingerichtet.

Es war der fleischgewordene Sohn des Vaters. Was gibt es Überwältigenderes als die Nachricht, dass sich die Liebesgemeinschaft Gottes für Menschen geöffnet hat. Und dass diese Gemeinschaft jetzt für immer einen Menschen in sich birgt! Von allen Ereignissen, von denen wir in der Bibel lesen ist dies das Erstaunlichste, das Schockierendste, das Verwirrendste was man sich vorstellen kann: Die Himmelfahrt Jesu als der fleischgewordene Sohn. Ein Mensch im Himmel. Der Erstgeborene ist inmitten der Gemeinschaft Gottes.

War nun der Aufstieg des fleischgewordenen Sohnes ein Unfall? Ist die Tatsache, dass jetzt und für immer ein Mensch, Jesus Christus, im Kreis Gottes lebt, ein nachträglicher Gedanke Gottes? Ist das nur ein Plan B, den Gott sich nach dem Scheitern von Plan A, Adam betreffend, ausgedacht und in die Tat umgesetzt hat? Ist Jesus Christus bloß eine Hilfslösung, die niemals gebraucht worden wäre, wenn Adam nicht seinen Sprung in den Untergang gewagt hätte? Oder ist Jesus der geheime Plan der Heiligen Dreieinigkeit vor aller Zeit? Hat die Himmelfahrt des fleischgewordenen Sohnes schon in den Büchern im Himmel vor Adam gestanden? Und sein Fall war einkalkuliert?

Nein, hier ist die erstaunliche Entscheidung des Vaters, des Sohnes und des Heiligen Geistes, die Menschen durch die Himmelfahrt seines Sohnes in das trinitarische Leben einzubeziehen. Paulus schreibt im Epheserbrief dass uns der Vater zur Adoption als Söhne und Töchter durch Jesus erwählt hat[86].

---

[86] Eph. 1,5. Siehe Kapitel 9 in unserem Buch VOM VATER, BOD-Verlag, Norderstedt, 2017

Zuallererst war und ist die Dreifaltigkeit, die schöne und reiche, von Liebe überfließende Gemeinschaft des Vaters und des Sohnes und des Heiligen Geistes. Dann ihr atemberaubender Plan der Adoption eines Geschöpfes durch die Himmelfahrt des fleischgewordenen Sohnes Gottes. Und dazu musste die Welt als Bühne geschaffen werden, auf der dieses Drama ausgetragen wird. Und nur in diesem Zusammenhang bekommt Adam, der nur Mensch war, einen Platz in der Geschichte Jesu Christi eingeräumt. Einen Platz zur Vorbereitung auf die Menschwerdung und die Himmelfahrt Jesu, des menschgewordenen Sohnes. Jesus war bereits auf dem Weg zur Menschwerdung und zur Himmelfahrt, bevor das Universum ins Leben gerufen wurde. Vor der Schöpfung war unsere Adoption bereits beschlossene Sache in den Himmeln.

Oft wird von protestantischen Theologen in der Diskussion über den Tod Jesu nicht mit der Dreieinigkeit und dem erstaunlichen Plan unserer Adoption, sondern mit der Heiligkeit Gottes, mit unserem Verstoß gegen Gesetze, mit menschlichem Versagen in der Person Adams und Evas und dem Problem der Sünde argumentiert. Dabei wird eine rechtliche Struktur über das Herz des Vaters gelegt und der Tod Jesu unter der Rubrik Recht und Gerechtigkeit, Schuld und Strafe gesehen. Aber eine solche Aussage stellt die Dreifaltigkeit und die ewig bleibende Eigenschaft, welche Liebe ist, infrage und übersieht die Tatsache, dass die Beziehung Gottes zu den Menschen sehr viel älter ist als das Gesetz.

Kehren wir für einen Augenblick zurück zum Dreieck der Liebe des dreieinigen Gottes.
Können wir uns vorstellen, darin zu leben?
Mit Jesus schon. Jesus kann man lieben, Jesus ist der Gute, er kam auf die Erde um für uns da zu sein und zu sterben. Warum? Weil Gott so sauer war über die Geschichte mit Adam und Eva? Gott war so wütend über ihre und unsere Sünde im Gefolge, dass er irgendein Opfer haben musste zu seiner Besänftigung. Sein erster Plan war, uns alle umzubringen, dann hatte er den tollen Plan,

anstelle von uns seinen Sohn umzubringen. Das unschuldigste, reinste Leben, das je auf Erden gelebt hat und ohne Sünde war. Wir haben gehört, dass Jesu Tod Gott zufriedengestellt hat. Jesus sprang für uns in die Bresche und wurde anstatt von uns umgebracht. Ich bin Jesus sehr dankbar, aber dieser Gott ist schon etwas seltsam. Oder?

Möchten wir so einen Gott zum Freund haben, wie von Abraham erzählt wird?
Der jemanden umbringen muss, damit er zufriedengestellt ist? Manchmal denken wir, dass Jesus mit dem Kreuz Gott beruhigt hat und sein (alttestamentlicher) Zorn nicht mehr auf uns gerichtet ist. Aber Tatsache ist, dass Jesus nicht starb, um etwas im Vater zu befriedigen. Der Vater war nicht das Problem in unserer Beziehung. Wir waren Gott nicht entfremdet, weil Gott sauer auf uns war. Wir waren entfremdet, weil wir uns wegen unserer Sünde und Scham in seiner Gegenwart unwohl gefühlt haben. Wie Adam und Eva sind wir von ihm weggelaufen. Es war nicht Gott, der sich abgewendet hatte. Wir konnten das „Ich liebe Dich" nicht mehr hören. Verloren in unserer Scham haben wir uns vor Gott gefürchtet.[87] Der liebende Gott ist furchteinflößend geworden. Und weil wir das Kreuz missverstanden haben, haben wir auch die Liebe des Vaters missverstanden.

Zur Illustration kann am Besten das Stockholm-Syndrom dienen. So genannt nach einem Kidnapping in der deutschen Botschaft in Stockholm 1973. Während der langen Zeit, in der die Gekidnappten mit ihren brutalen Entführern zusammen waren, begannen sie Verständnis für sie zu haben und gleichzeitig versuchten sie, sie gnädig zu stimmen, um diese Situation überhaupt aushalten zu können. Besonders eine Frau versuchte, es ihren Peinigern in jeder Weise recht zu machen. Nach ihrer Befreiung musste sie lange behandelt werden.
So geht es vielen Christen. Sie arbeiten hart für Gott, so hart wie

---

[87]   1. Mose 3, 10 a

sie können. Vor allem in der Gemeinde oder im vollzeitigen Dienst. Nur, je härter sie arbeiten, um das Wohlwollen Gottes zu erhalten, desto weniger Kontakt haben sie mit ihm. Und wenn sie einmal Gottes Liebe erfahren, dann wollen sie es beim nächsten Mal noch besser machen und verlieren ihn damit aus den Augen. Sünde dreht uns weg von dem, wozu Gott uns geschaffen hat. Es fällt dann schwer, ihn zu sehen und zu erfahren, wie er ist. Religion sagt uns, dass sie uns wieder zurückdrehen will zu Gott, aber sie macht das nicht. Sünde dreht uns weg und verstört uns, Religion verdreht und verstört uns noch weiter.

Bevor jedoch irgendein Gesetz, irgendein Dekalog oder Verhaltensregeln existierten, gab es die Dreieinigkeit mit dem unbändigen, von Liebe beherrschten Leben, die Gemeinschaft und die Freude des dreieinigen Gottes. Dann kam die unglaubliche Entscheidung, den Menschen durch Jesus Christus einen Platz im trinitarischen Dreieck einzuräumen. Das ewige Ziel des dreieinigen Gottes ist es nicht, uns unter Gesetze zu stellen und uns zu religiösen Erfüllungsgehilfen zu machen. Nein, sein Ziel ist es, uns in die Beziehung von Vater, Sohn und Heiligem Geist hineinzunehmen und uns einen Platz mitten in ihrem gemeinsamen Leben zu geben. Wenn wir schon vom Gesetz sprechen, dann ist das Gesetz dieses Universums die Entscheidung des Vaters und des Sohnes und des Heiligen Geistes, uns einen Platz im Leben des dreieinigen Gottes zu geben und nicht ein Leben, das geprägt ist von Geboten und Verhaltensvorschriften.

Daher ist das Erste, was über den Tod Jesu zu sagen ist, dass sein Tod in den Plan des Vaters, uns in das trinitarische Leben einzubeziehen, eingepasst wurde. Jesus hat uns (siehe auch sein erster Auftrag) das trinitarische Leben vorgelebt, vereint in einer menschlichen Existenz. Das Kommen Jesu und sein Tod sind damit der lebendige Ausdruck des unglaublichen und zielstrebigen Plans vom Vater, uns zu adoptieren die unerbittliche und entschlossene Leidenschaft des Vaters, uns als seine Kinder bei sich zu haben. Koste es was es wolle! Er wird uns nicht im Stich lassen, er hat seinen Plan in Jesus umgesetzt.

Das dritte Wort ist Sünde.

Endlich das Wort, das sonst immer zuerst genannt wird. Im Grunde ist Sünde Getrenntsein von Gott[88]. Sünde bezieht sich in der Bibel nicht nur auf diesen unsäglichen Verrat von Adam und Eva, sondern auf den ganzen Sumpf menschlicher Gebrochenheit, Dunkelheit und Entfremdung der durch Adams Misstrauen in der menschlichen Existenz Wurzeln schlagen konnte. Im Buch Mose lesen wir, dass Adam und Eva als Höhepunkt aller Werke Gottes geschaffen wurden[89]: „Und Gott sah an alles, was er gemacht hatte, und siehe, es war **sehr gut**. Da ward aus Abend und Morgen der sechste Tag."

Bei allem Schaffen davor war sein Urteil[90]: „Und Gott sah, dass es **gut** war." Adam und Eva waren das Ziel seiner persönlichen Zuneigung und seiner Freude. Er kam ja jeden Abend in den Garten Eden[91], um mit ihnen Gemeinschaft zu haben und zu reden. Sie wurden geschaffen, um mit Gott zusammen zu sein, an seinem Werk teilzuhaben (die erste Aufgabe für Adam zum Beispiel[92]) und sie hatten einen guten Platz bei Ihm. Aber sie hörten und glaubten der Lüge der Schlange. Damit war Misstrauen gesät und in der Folge war dem Bösen die Tür geöffnet zu Gottes Schöpfung um sie zu vergiften.

Wir können uns nicht mehr vorstellen, dass wir von Gott geliebt sind. Adam und Eva schämten sich, nachdem sie vom Baum gegessen hatten und fürchteten sich vor Gott. Sie versteckten sich und zogen sich in die Dunkelheit zurück. Als Gott der Vater sie fand und sie ihm erzählten, was vorgefallen war, war Gott da

---

[88] Das Wort Sünde hat im Deutschen zwei Wurzeln: Einmal Sund, wie der Fehrmann Sund, der die Insel Fehmarn in der Ostsee vom Festland bei Großenbrode trennt. Es ist Land weggebrochen, was eine Trennung zur Folge hat. Die andere Wurzel ist Scham. Wenn man sich schämt, dreht man sich weg und will aus der Situation fliehen und sich trennen.

[89] 1. Mose 1, 31

[90] 1. Mose 1, 4; 9; 12; 18; 21

[91] 1. Mose 3, 8 a

[92] 1. Mose 2, 19-20

überrascht? Wusste er nicht, was sie gemacht hatten? Natürlich wusste er das! Aber jetzt war die Beziehung gestört. Für sie war er jetzt nicht mehr der Abba-Vater, sondern der furchteinflößende Gott. Als Gott sie dann noch aus dem Garten wies, sahen sie und wir das als Strafe.

Jedoch geschah das nicht, weil er sie verurteilte, sondern es war ein Akt seiner Liebe!

Denn sie hatten nun vom Baum der Erkenntnis von Gut und Böse gegessen und wurden damit von Gott getrennt. Wenn sie nun auch noch vom Baum des Lebens essen würden, dann wären sie auf ewig von Gott getrennt. Die Festlegung Gottes, dass die Seele, die sündigt, zu sterben hat, ist nicht die Folge von Gottes Ärger, sondern der erste Akt der Wiederherstellung. Wenn Sünde in uns stirbt, dann bleibt die Ewigkeit rein und unbefleckt. Jesu Leben und sein stellvertretendes Sterben für die Menschen, die sich durch eine List Satans von Gott getrennt hatten, war vom Dreieinigen Gott schon vorbedacht, ehe er die Welt entstehen ließ. Für den Vater ist die Ewigkeit ein sicherer Hafen, in den er uns retten will. Deshalb führt die Entscheidung, Jesus nachzufolgen, zum Ewigen Leben.

Was war nun die Antwort Gottes auf diese Katastrophe? Die Antwort des Vaters und des Sohnes und des Heiligen Geistes lässt sich auch in einem Wort zusammenfassen: NEIN! Nein dazu, dass die Menschen nun verloren wären, auf ewig getrennt von ihm. In diesem NEIN hallte das ewige JA von Vater, Sohn und Heiligem Geist zu uns wider. Niemals gaben sie den Plan auf, das dreieinige Leben mit uns zu teilen. Gott ist für uns und deshalb gegen unsere Zerstörung. Sein Wille dazu ist ewig und leidenschaftlich. Obwohl Satan[93] in der Gestalt der Schlange[94] in diesem Augenblick ein JA! schrie, denn er hatte die Menschen von Gott trennen können, so wie er sich von Gott getrennt hatte.

---

[93] Satan = Gegenspieler Gottes, ein gefallener Engel. Andere Namen: Teufel, Luzifer, Satanas.
[94] 1. Mose 3, 1 - 5

Dieses feurige und leidenschaftliche NEIN zur Katastrophe des Sündenfalls ist das richtige Verständnis vom Zorn Gottes. Zorn ist nicht das Gegenteil von Liebe. Zorn ist Gottes Liebe in Aktion! Er bleibt nicht gelassen bei dem, was passierte. Weil der dreieinige Gott ein ewiges JA zu uns gesprochen hat, antwortet er auf den Sündenfall mit seinem entschlossenen NEIN: „Das ist nicht hinzunehmen. Ich habe dich nicht erschaffen, um in der Dunkelheit zugrunde zu gehen - nicht du!"
Der Zorn Gottes ist immer auf die Sünde gerichtet, nicht auf den geliebten Sünder!

Es muss eine bessere Geschichte vom Kreuz geben.

Was an diesem Kreuz geschehen musste, ist, dass der, den wir gefürchtet haben, zu dem werden konnte, den wir lieben und dem wir vertrauen können. Wenn wir an diesem Kreuz nur sehen, dass Gott seinen Sohn umbringt um sich zufriedenzustellen, dann zieht uns das nicht zu ihm. Es scheint aber, dass Gott uns in der Abgeschiedenheit von ihm einen Geist der Furcht gegeben hat. Denn wenn wir Gott mehr fürchten als wir unsere Sünde lieben, würde das die Sünde in uns dämpfen oder einzäunen. Der Geist der Furcht oder das Gesetz heilt die Sünde nicht, aber die Furcht würde die Sünde zumindest solange in Schach halten, bis zu dem Tag, an dem Jesus in die Welt kam.

Es gibt nun diejenigen, die uns glauben machen wollen, dass an dem Tag, als Adam fiel, Gott der Vater von einem blutrünstigen Zorn erfüllt wurde, der nach Bestrafung verlangte, bevor Vergebung in Betracht kam. Und sie wollen uns glauben machen, dass der Zorn des Vaters über Jesus, als er am Kreuz hing, ausgegossen wurde anstatt über uns, die das eigentlich verdient hätten.

Das würde aber bedeuten, dass der Vater durch die Sünde Adams verändert wurde und dass sein Herz für seine Geschöpfe in

Zwiespalt geriet. Vorher in Liebe zu uns und nun voller Wut und Verurteilung über die Menschen.

Aber Gott ändert sich nicht. Seine Liebe zu uns ist ewig, wie in Jeremia[95] zu lesen ist: „Ja, mit ewiger Liebe habe ich dich geliebt." Dem Fall Adams begegnete derselbe Gott mit der gleichen Entschlossenheit zu segnen und mit derselben leidenschaftlichen Liebe, die in der Schöpfung sichtbar wurde. Dem Fall Adams begegnete das ewige Wort Gottes. Die Liebe des Vaters und des Sohnes und des Heiligen Geistes ist ebenso unerschütterlich und unermüdlich wie entschlossen und unnachgiebig, ihr Ziel mit uns zu erreichen.

Jedoch, wie soll nun der Plan des dreieinigen Gottes, unsere Adoption in Jesus Christus, vollzogen werden? Trotz Adams Fall und der Katastrophe, die das für die Menschheit bedeutet hat? Jesus Christus kam auf die Erde, den Aufstieg zum Vater im Blick. Jedoch ist der Weg zum Aufstieg und zu unserer Adoption jetzt mit Schmerz und Leid und Tod gepflastert. Denn wie kommt man vom Fall Adams hin an die rechte Seite Gottes, des allmächtigen Vaters? Der einzige Weg führt über den Tod. Der Fall Adams muss rückgängig gemacht werden. Adam muss tiefgreifend von Gott erneuert und verwandelt werden: Eine neue Geburt[96] ist erforderlich, nicht eine Wiedergeburt! Das menschliche Dasein, das von Gott entfremdet und gebrochen ist, muss grundsätzlich neu erschaffen, gründlich transformiert durch Gottes Geist und in die liebende Beziehung zum Vater zurückverwandelt werden.

Wenn es an diesem Kreuz nur um Strafe geht, dann finden wir das gut. Jesus hat an unserer Stelle die Strafe auf sich genommen, die wir eigentlich verdient haben. Damit sind wir einverstanden. Es gibt sehr wohl Aussagen im Alten Testament, die zu dieser Annahme führen können. Jedoch sehen die Männer und Frauen

---

[95] Jer. 31, 3 a
[96] Joh. 3, 5

des Alten Testaments von hinten auf das Kreuz. Aus ihrer Scham und in der Hoffnung, mit diesem Gott ins Reine zu kommen, haben sie angenommen, dass Abba-Gott wie jeder andere Gott ist. Alle Götter und Götzen, die wir geschaffen haben, brauchen Opfer. Von Malek bis Baal, auch unsere heutigen Götter wollen Opfer. Weil sie Gottheiten sind, die leicht ärgerlich werden. Und deshalb besänftigt werden müssen. Vielleicht mit Blumen oder Getreidekörner. Wenn dann eine Dürre kommt, muss schon mehr auf den Altar, ein Huhn vielleicht. Sind erst die Feinde eingefallen, dann noch Größeres. Und wenn das auch nicht mehr reicht, dann hängt es von der Kultur ab: Manche opfern Jungfrauen oder ihren Erstgeborenen.

Und als Jesus in die Welt kommt, sehen wir wieder ein Kinderopfer, seinen Sohn. So haben wir den Vater Jesu zu einem Gott gemacht, wie er in jeder anderen Religion auch vorkommt: Ein Gott, der von den Menschen Opfer fordert! Aber Abba-Gott sagt: Dieses Opfer ist nicht für mich, es ist für Dich! Jesus ist nicht für den Vater gestorben, er ist auch nicht gestorben, um den Zorn Gottes zu besänftigen. Denn Gott war gar nicht ärgerlich. Zornig schon. Und zwar auf unsere Sünde, aber nicht auf mich, den Sünder.

Warum ist Jesus Christus gestorben? Was geschah bei seinem Tod? Jesus starb, weil der Vater uns nicht verlassen wollte, weil der Vater einen Traum für uns hatte, den er unter keinen Umständen aufgeben wollte. Jesus starb, weil die Liebe des Vaters zu uns unbegrenzt und unbeirrbar ist. Und Jesus starb, weil der einzige Weg vom Fall Adams zur Rechten des Vaters zu gelangen, die Kreuzigung der Lebensform von Adam war. (vgl Narnia[97])

Jesus Christus ist nicht zum Kreuz gegangen, um Gott zu ändern; er ist zum Kreuz gegangen, um uns zu verändern. Er starb nicht, um den Zorn des Vaters zu besänftigen oder das geteilte Herz des

---

[97] In den „Narnia" Büchern von C.S. Lewis wird ein stellvertretender Tod des Löwen Aslan für einen Jungen geschildert.

Vaters zu heilen. Jesus ist ans Kreuz gegangen, um den Sündenfall zu stoppen und rückgängig zu machen und so das damit verbundene Misstrauen zu überwinden. Er ging diesen schweren Weg, um unsere Entfremdung zu beseitigen, damit der Traum seines Vaters für unsere Adoption in seiner Himmelfahrt verwirklicht werden konnte.

Der Preis für seine Mission war hoch: 33 Jahre Anfeindung und Versuchung! Wie oft weinte er, weil er sein Volk kaum erreichen konnte. Aber durch diese Menschwerdung wurde ein Brückenkopf der Dreieinigkeit in die menschliche Entfremdung gebaut, ja sie hat einen Weg geschlagen, um zum Ziel zu kommen. Jesus als der geliebte Sohn trat freiwillig in die gefallene Welt Adams ein, aber er weigerte sich beharrlich, sich in sie fallen zu lassen. 33 Jahre lang kämpfte er um die gefallene Existenz Adams zurück in die persönliche Beziehung zu seinem Vater zu bringen. Am deutlichsten wird das in der Schilderung vom Kampf im Garten Gethsemane. Jesus fällt auf die Erde, der Schmerz und das überwältigende Gewicht der Entfremdung Adams von Gott bringen ihn zu Fall. Seine Bereitschaft, all das zu tragen, zeigt das wahre Leben Jesu. Sein ganzes Leben war ein Kreuz, wie Calvin sagte. Sein ganzes Leben war erfüllt vom Kampf gegen Religion (als Selbsterlösung), von Leiden, von Versuchung und Bedrängnis und Schmerz, weil er immer tiefer in die menschliche Entfremdung vom Vater eindrang.

Am Kreuz stürzte sich der Sohn des Vaters in den tiefsten Abgrund menschlicher Entfremdung, in den Sumpf der Dunkelheit der menschlichen Gebrochenheit. Dort am Kreuz durchbrach er die letzte Festung der Finsternis. Dort war er in den Tiefen unserer Abkehr, unseres Misstrauens, unserer Entfremdung. Dort fand das unerträgliche NEIN, das Gott der Vater beim Fall Adams schrie, seine umfassende Entgegnung in Jesu JA! „Vater, in deine Hände befehle ich meinen Geist" rief er aus, als er den letzten Schritt in

Adams[98] Unheil tat. Jesus starb und mit ihm das Misstrauen von Adam („Sollte Gott gesagt haben"[99]). Endlich war rückgängig gemacht, was Adam angerichtet hatte mit seinem Misstrauen. Jesus vertraute seinem Vater auch in dieser Stunde, als die Schuld der Welt ihn mit voller Wucht traf und Er deshalb seinen Vater nicht mehr sehen konnte[100]: „Und zu der neunten Stunde rief Jesus laut: Eli, Eli, lama asabtani? Das heißt übersetzt: Mein Gott, mein Gott, warum hast du mich verlassen?". Jesus zitiert aus Psalm 22, 2 einem Psalm von David. Der sieht sich verfolgt, umgeben von Angreifern, die nach seinem Leben trachten. Genau wie Jesus in dieser qualvollen Leidenszeit am Kreuz. Und Satan schrie erneut ein JA!, weil er meinte, nun auch noch den finalen Sieg errungen zu haben. (im Narnia Buch wunderbar geschildert, als Aslan tot ist!)

Das war der dunkelste aller Momente in der Geschichte des Universums. Aber hier am Kreuz auf dem Hügel Golgatha traf an diesem Tag und in dieser Stunde das Licht des Lebens, das Jesus mit dem Vater und Heiligen Geist hatte, mitten in die Dunkelheit der Menschheit. Und wie das Anknipsen eines Lichtschalters die Dunkelheit augenblicklich in einem Haus vertreibt, so besiegte das Licht der Dreieinigkeit die Dunkelheit, die Adam in die Menschheit gebracht hatte. Und als weiteres Zeichen dafür, dass der Zugang zu Vater, Sohn und Heiligem Geist jetzt frei ist, zerriss der Vorhang im Tempel, der vorher das Allerheiligste vom Rest des Tempels abtrennte.

Es ging also nicht um eine Besänftigung des Zornes Gottes, sondern um eine umfassende Wiederherstellung der Beziehung der Dreieinigkeit zu den geliebten Menschen. Der Zorn Gottes vernichtete die Sünde, **nicht** den Sünder.

---

[98] Wenn in diesem Kapitel von Adam die Rede ist, ist natürlich immer auch Eva mit gemeint.
[99] 1. Mose 3, 1
[100] Mark. 15,34

Ein Blutsbund

Die Frage ist:
Warum musste Jesus sein Blut vergießen?

Wenn wir ins **Alte Testament** hineinblicken, dann wurde praktisch jeder Bundesschluss Gottes mit seinem Volk durch Blut besiegelt, fast immer mit dem Blut von Tieren. Wir wollen dazu einige Beispiele ansehen.

Nur beim ersten Bund am Anfang der Schöpfung fließt kein Blut[101]: „Und Gott segnete sie, und Gott sprach zu ihnen: Seid fruchtbar und vermehrt euch, und füllt die Erde, und macht sie euch untertan; und herrscht über die Fische des Meeres und über die Vögel des Himmels und über alle Tiere, die sich auf der Erde regen!"

Noah:
Noah verlässt nach der Sintflut die Arche und bringt ein Opfer dar[102]:
„Und Noah baute dem HERRN einen Altar; und er nahm von allem reinen Vieh und von allen reinen Vögeln und opferte Brandopfer auf dem Altar."
Dann schließt Gott einen Bund mit Noah, der den Regenbogen als Versprechen, nie mehr eine solche Flut zu schicken, zum Zeichen hat.

Abram:
Abram beklagt sich bei Gott, dass er keinen Nachkommen hat. Und Gott schließt einen Bund mit ihm[103]. „Da sprach Gott zu ihm:

---

[101] 1. Mose 1, 28
[102] 1. Mose 8, 20
[103] 1. Mose 15, 9 + 17+ 18

Bring mir eine dreijährige Jungkuh, eine dreijährige Ziege und einen dreijährigen Widder, eine Turteltaube und eine junge Taube."

17„Und es geschah, als die Sonne untergegangen und Finsternis eingetreten war, siehe da, ein rauchender Ofen und eine Feuerfackel, die zwischen diesen Stücken hindurch fuhr.

18 An jenem Tag schloss der HERR einen Bund mit Abram und sprach: Deinen Nachkommen habe ich dieses Land gegeben, vom Strom Ägyptens an bis zum großen Strom, dem Euphratstrom."

Abraham:

Ein zweiter Bund mit Abram führt zu einer Namensänderung in Abraham und der Einführung der Beschneidung, bei der auch Blut fließt[104]:

„ … siehe, das ist mein Bund mit dir: Du wirst zum Vater einer Menge von Nationen werden."

„Dies ist mein Bund, den ihr halten sollt, zwischen mir und euch und deinen Nachkommen nach dir: Alles, was männlich ist, soll bei euch beschnitten werden; und zwar sollt ihr am Fleisch eurer Vorhaut beschnitten werden!"

Die Sache mit Isaak:

Diese Geschichte steht in 1. Mose 22. Im ersten Vers heißt es: „Gott prüfte den Abraham."

Es ist das einzige Mal in der Bibel, dass Gott ein Menschenopfer anordnet. Und das ausgerechnet am verheißenen einzigen Sohn Isaak, der der Vater von einer Menge von Völkern werden sollte und als großes Wunder von einer 90-jährigen Frau, die mit Sicherheit kein Kind mehr bekommen konnte, geboren wurde. Vielleicht hat Gott der Vater jemanden gesucht, der mitleiden

---

[104] 1. Mose 17, 4 + 10 +11

konnte an dem, was der Vater mit seinem Sohn Jesus vorhatte. Und er hat in Abraham diesen Mann gefunden, der bereit war, auch die ihm gegebene Verheißung hinzugeben und den tiefen Schmerz von Gott dem Vater mitzutragen. Abraham wurde als Einziger gefragt, solch ein Mitleiden mitzutragen!

Es fand sich ja dann ein Widder, der statt Isaaks geopfert wurde. Und Gott erneuerte den Bund mit Abraham[105]: „Ich habe bei mir selbst geschworen, spricht der HERR: Weil du solches getan hast und hast deines einzigen Sohnes nicht verschont, will ich dich segnen und deine Nachkommen mehren wie die Sterne am Himmel und wie den Sand am Ufer des Meeres."

Es ist das erste Mal in der Bibel, dass Gott bei sich selbst einen Schwur ablegt. Das ist mehr als eine Verheißung!

Bundesschluss mit Israel:

Nach dem Auszug aus Ägypten schließt Gott einen Bund mit Israel am Berg Sinai[106]. Mose erhält die zehn Gebote und als Abschluss wird ein Opfer dargebracht[107]:

„5 Dann sandte Mose junge Männer aus den Söhnen Israel hin; die brachten Brandopfer dar und schlachteten Stiere als Heilsopfer für den HERRN. 6 Und Mose nahm die Hälfte des Blutes und tat es in Schalen, die andere Hälfte des Blutes aber sprengte er an den Altar. 7 Und er nahm das Buch des Bundes und las es vor den Ohren des Volkes. Und sie sagten: Alles, was der HERR geredet hat, wollen wir tun und gehorchen. 8 Darauf nahm Mose das Blut, besprengte damit das Volk und sagte: Siehe, das Blut des Bundes, den der HERR auf all diese Worte mit euch geschlossen hat!"

---

[105] 1. Mose 22, 16 + 17
[106] 2. Mose 19 und 20
[107] 2. Mose 24

Hier finden wir die gleiche Wortwahl, die wir bei Jesus im Neuen Testament finden, (siehe weiter unten)

Wiederholte Erneuerung des Bundes von Israel mit Gott

Israel hat den Bund am Sinai nicht die Treue gehalten. Immer wieder fiel es von Gott ab und errichtete anderen Göttern Altäre, die dann wieder niedergerissen wurden, wenn ein König die Wahrheit erkannte. Als Beispiel dafür kann der König Asa dienen, der den Aufforderungen des Propheten Oded nachkommt[108]:
„9 Als aber Asa diese Worte und die Weissagung des Propheten Oded hörte, fasste er Mut. Und er schaffte die Scheusale weg aus dem ganzen Land Juda und Benjamin und aus den Städten, die er auf dem Gebirge Ephraim eingenommen hatte, und er erneuerte den Altar des HERRN, der vor der Vorhalle des HERRN stand.
11 Und sie opferten dem HERRN an jenem Tag von der Beute, die sie heimgebracht hatten, 700 Rinder und 7 000 Schafe."

In der Vorstellung des Alten Testaments war der Sitz des Lebens im Blut. Deshalb war den Israeliten der Genuss von Blut verboten[109]: „Nur dürft ihr das Fleisch nicht essen, während sein Leben, sein Blut, noch in ihm ist!" Die Tiere mussten bei der Schlachtung geschächtet werden, d.h. das Blut musste möglichst rückstandsfrei aus dem Tier herauslaufen können. Das Tier erstickte dann.
Überhaupt war in den alten Kulturen die Vorstellung, dass Schuld mit Blut bezahlt werden musste, um Freiheit zu erhalten, vorherrschend.

---

[108] 2. Chronik 15
[109] 1. Mose 9, 4

Darauf zielt auch die Prophezeiung auf Jesus in Sacharja[110]:
„9 Du, Tochter Zion, freue dich sehr, und du, Tochter Jerusalem,
jauchze! Siehe, dein König kommt zu dir, ein Gerechter und ein
Helfer, arm und reitet auf einem Esel, auf einem Füllen der Eselin.
11 Auch lasse ich um des Blutes deines Bundes willen deine
Gefangenen frei aus der Grube, in der kein Wasser ist."

Im **Neuen Testament** spricht auch Jesus selbst im Abendmahl vom
Neuen Bund, den er und der Vater mit uns schließen wollen.
Während der Feier des Passahfestes deutet Jesus den letzten
Becher, den Becher des Heils, um in seine Hingabe an die
Menschen im Abendmahl[111]:
„ 26 Während sie aber aßen, nahm Jesus Brot und segnete, brach
und gab es den Jüngern und sprach: Nehmt, esst, dies ist mein
Leib! 27 Und er nahm einen Kelch und dankte und gab ihnen den
und sprach: Trinkt alle daraus! 28 Denn dies ist mein Blut des
Bundes, das für viele vergossen wird zur Vergebung der Sünden."

Fast wortgleich bei Lukas[112]:
„Desgleichen auch den Kelch nach dem Mahl und sprach: Dieser
Kelch ist der neue Bund in meinem Blut, das für euch vergossen
wird!"

Auch Markus bringt diesen Satz[113]:
„Und er sprach zu ihnen: Das ist mein Blut des Bundes, das für
viele vergossen wird."

---

[110] Sach. 9, 11+13
[111] Math. 28
[112] Lukas 22, 20
[113] Mark. 14, 24

Der Evangelist Johannes redet völlig anders über dieses Thema, auch findet sich bei ihm kein Bericht über das Abendmahl, sondern nur die "anstößige" Rede, nach der viele Jesus nicht mehr nachfolgen[114]:

„ 53 Jesus sprach zu ihnen: Wahrlich, wahrlich, ich sage euch: Wenn ihr nicht esst das Fleisch des Menschensohns und trinkt sein Blut, so habt ihr kein Leben in euch. 54 Wer mein Fleisch isst und mein Blut trinkt, der hat das ewige Leben, und ich werde ihn am Jüngsten Tage auferwecken. 55 Denn mein Fleisch ist die wahre Speise, und mein Blut ist der wahre Trank. 56 Wer mein Fleisch isst und trinkt mein Blut, der bleibt in mir und ich in ihm."

Paulus berichtet übrigens als erster vom Abendmahl[115] und das auch noch aus erster Hand, denn er hat die Worte direkt von Jesus erhalten. Der 1. Korintherbrief ist um 50 n. Chr. geschrieben worden; die Evangelien erst später:

„Nachdem sie gegessen hatten, nahm er den Becher, dankte Gott auch dafür und sagte: »Dieser Becher ist der neue Bund, besiegelt mit meinem Blut."

Zusammenfassend kann man sagen: Das Blut Jesu wird für den Neuen Bund vergossen[116] und im Abendmahl nehmen wir Jesus erfahrbar in uns auf.

Während jedoch die Tieropfer immer wieder gebracht werden mussten, ist das Opfer Jesu einmalig, für alle Zeiten gültig und umfassend, wie es kein Opfer zuvor war.

---

[114] Joh. 6, 53 - 56
[115] 1. Kor. 11, 23 - 25
[116] Eph. 1, 7

Im Hebräerbrief wird nun ausgeführt, dass Gott einen neuen Bund schließen musste, weil der alte Bund unvollkommen war[117]! Eine erstaunliche, sehr tiefgreifende Aussage:

„7 Schließlich hätte Gott keinen Anlass gehabt, einen zweiten Bund zu schließen, wenn der erste nicht Mängel aufgewiesen hätte. 8 Dass dieser tatsächlich unvollkommen war, macht die Schriftstelle klar, an der berichtet wird, wie Gott sein Volk tadelt:»Der Tag kommt, sagt der Herr, an dem ich mit dem Volk von Israel und mit dem Volk von Juda einen neuen Bund schließen werde. 9 Er wird anders sein als der, den ich mit ihren Vorfahren geschlossen hatte, als ich sie bei der Hand nahm und aus Ägypten führte. An jenen Bund haben sie sich nicht gehalten, weshalb ich mich von ihnen abgewandt habe, sagt der Herr. 10 Der zukünftige Bund jedoch, den ich mit Israel schließen werde, wird so aussehen: Ich werde – sagt der Herr – meine Gesetze in ihr Innerstes legen und werde sie in ihre Herzen schreiben. Ich werde ihr Gott sein, und sie werden mein Volk sein." [118]

Und weiter führt der Hebräerbrief[119] aus:
„Und ihr seid zu dem Vermittler des neuen Bundes gekommen, zu Jesus, und seid mit seinem Blut besprengt worden – mit dem Blut, das noch viel nachdrücklicher redet als das Blut Abels."
Wir sind als Nachfolger Jeus mit seinem Blut besprengt worden. Das ist ein Zeichen der Reinigung und des Schutzes. In der Offenbarung lesen wir[120]:
„Ihre Gewänder sind deshalb so weiß, weil sie sie im Blut des Lammes gewaschen haben."
Die Nachfolger Jesu haben weiße Gewänder an = unbefleckt von

---

[117] Hebr. 8, 7 - 10
[118] Jer. 31, 31 – 33 als Zitat innerhalb des Hebräertextes
[119] Hebr. 12, 24
[120] Offb. 7, 14 b

jeder Sünde, weil das kostbare Blut Jesu sie gereinigt hat. Nur so können sie vor Gott dem Vater bestehen.

Schließlich finden wir im Hebräerbrief[121] noch eine Aussage, die uns zum übernächsten Kapitel führt, nämlich zur Auferstehung: „Der Gott des Friedens, der den großen Hirten seiner Schafe, unseren Herrn Jesus, von den Toten auferweckt hat, nachdem er mit dessen Blut den neuen, ewig gültigen Bund besiegelt hatte....“ Nachdem Jesus am Kreuz starb und sein Blut als Siegel für den Neuen Bund vergossen war, wurde er durch seinen Vater vom Tod ins Ewige Leben geholt.

Dazwischen war noch ein seltsamer Tag, der Karsamstag. Ein Sabbat in Israel.

---

[121] Hebr. 13, 20

Karsamstag

Ein seltsamer Tag.
Der Tag dazwischen.
Zwischen dem Unglück und dem Glück.

Ein Tag, an dem alles zu Ende gegangen scheint.
Ein Tag der Erschöpfung, des Trauerns und Weinens.[122]

Jedoch ist der Hohe Rat der Juden hellwach, obwohl das Passah-Fest gefeiert wird[123]. Auf sein Betreiben hin wird eine Wache aus römischen Soldaten vor das Grab gestellt aus Angst, die Voraussage von Jesus, nach drei Tagen aufzuerstehen, würde durch einen Diebstahl der Leiche von den Jüngern bekräftigt werden können. Interessanterweise erfolgt dieses Gespräch am Sabbat, die Leute des Hohen Rates machten sich damit unrein. Und Pilatus stellt die Wache etwas lustlos zur Verfügung[124]: „Ihr sollt eure Wache haben«, antwortete Pilatus. »Geht und sichert das Grab, so gut ihr könnt!"

Für die Jünger ist dieser Tag ein Alptraum!
Sie erwachen und Jesus ist nicht mehr da. Sie haben ihn hingerichtet, er ist tot. Liegt in einem Grab da draußen. Ein Tag des Verlustes aller ihrer Hoffnungen. Vielleicht treffen sie sich irgendwo und fragen sich, wie es weitergehen soll.
Die Jüngerinnen klagen, dass sie Jesus nicht einbalsamieren konnten. Es war zu spät, kurz vor Beginn des Sabbats um 18 Uhr. Sie wollen es gleich morgen früh tun.

---

[122] Mark. 16, 10
[123] Matth. 27, 62 - 66
[124] Matth. 27, 65

Kein Gedanke mehr an das Abendmahl vorgestern. An den neuen Bund. Ohne seinen Tod gäbe es kein Abendmahl, das heute die Christen verbindet. Das ist ihnen bei dem Schock alles entschwunden.

Sie haben nur die Stelle aus dem Buch Mose vor Augen[125]: „Denn von Gott verflucht ist derjenige, der [ans Holz] gehängt wurde."
Sind sie dem falschen Messias nachgefolgt? Haben die Schriftgelehrten doch recht gehabt?

Es ist eine von den Drei-Tage-Geschichten in der Bibel.
Jona im Fischbauch[126]: Der wusste am zweiten Tag auch nicht, wie es weitergeht. Er wusste nicht, dass es sich um eine Drei-Tage-Geschichte handelt. Und dass der Fisch ihn auf sein Gebet hin wieder an Land spucken würde.
Die Geschichte vom Mundschenk[127] des Pharao: Josef prophezeit ihm, dass er in drei Tagen wieder der Obermundschenk des Pharaos sein wird. Er saß vorher jahrelang im Gefängnis.
Die neunte Plage im alten Ägypten[128]: Drei Tage lang völlige Dunkelheit! Keiner der Ägypter wusste, wie lange das dauert. Nur die Israeliten hatten Licht!
Oder der Bericht von dem Ägypter[129], den die Amalekiter nach einem Überfall auf Davids Stadt Ziklag krank drei Tage vorher krank zurückließen. Sie hatten alle Menschen als lebendige Beute weggeführt. Der kranke Mann wusste auch nicht, ob er überleben

---

[125] 5. Mose 21, 23 b nach der Schlachter-Übersetzung, © Genfer Bibelgesellschaft, CH-1204 Genf,
[126] Jona 2,1
[127] 1. Mose 40, 9 ff
[128] 2. Mose 10, 21 - 23
[129] 1. Sam 30, 12

würde in der Wüste. Und der doch David die Fluchtroute der Räuber verraten konnte und ihm damit ermöglichte, alles wieder zurückzugewinnen..

Oder als die Israeliten durch das Schilfmeer gezogen waren und nach drei Tagen kein Wasser mehr hatten.[130] Als sie schließlich bei Mara Wasser fanden, war es ungenießbar. Aber Gott tat durch Mose ein Wunder: Ein Holzstück machte das Wasser süß.

Zurück zum Tod Jesu:
Wo war Jesus am Karsamstag?
Körperlich im Grab!
Aber was war mit seinem Geist?

Da gibt uns Petrus einen interessanten Hinweis im ersten Petrusbrief[131]:
„ Im Geist ist er auch hingegangen und hat den Geistern im Gefängnis gepredigt, die einst ungehorsam gewesen waren, als die Langmut Gottes in den Tagen Noahs abwartete, während die Arche gebaut wurde, in die wenige, das sind acht Seelen, durchs Wasser hindurch gerettet wurden."
Und ein zweites[132]:
„Denn dazu ist auch den Toten gute Botschaft verkündigt worden, damit sie zwar den Menschen gemäß nach dem Fleisch gerichtet werden, aber Gott gemäß nach dem Geist leben sollen."

Das kann durchaus so interpretiert werden, dass Jesus während dieser Zeit den Geistern im Gefängnis gepredigt hat. Die Geister im Gefängnis sind die Geister von Verstorbenen. Verstorbene sind nicht verschwunden, sie befinden sich im Gefängnis (im Gegensatz

---

[130] 2. Mose 15, 22ff
[131] 1. Petr. 2, 19+20
[132] 1. Petr. 4, 6

zu den Nachfolgern Jesu, die im Paradies sind, siehe Kap. 6) Der Mensch büßt beim Sterben seinen fleischlichen Leib ein, bleibt jedoch als Person erhalten. Dabei kann der Verstorbene sowohl als Seele als auch als Geist bezeichnet werden[133]. Ein gutes Beispiel ist die Geschichte von Lazarus und dem reichen Mann[134]. Dort im Gefängnis wurde also die Heilsbotschaft verkündet. Uwe Holmer[135] spricht von „Herolden". Ein Herold verkündet das, was ihm der König aufgetragen hat.

Da für Gott die Zeit keine Rolle spielt (siehe das Wunder der rückwärtsgehenden Sonne[136]) ist der Einwand, dass Jesus ja zur Erfüllung der Guten Nachricht noch nicht auferstanden und aufgefahren ist, nicht stichhaltig. Ja, er ist gestorben als Voraussetzung für unsere Errettung.

Jesus selbst sagt dazu:

„Ich war tot, aber jetzt lebe ich in alle Ewigkeit, und ich habe die Schlüssel zum Tod und zum Totenreich."

Jedoch die Auferstehung ist noch nicht geschehen, sie muss schon noch kommen. Ohne die Auferstehung ist unser Glaube inhaltslos so wie Paulus schreibt[137]:

„Angenommen, es gibt wirklich keine Totenauferstehung: Dann ist auch Christus nicht auferstanden. Und wenn Christus nicht auferstanden ist, ist es sinnlos, dass wir das Evangelium verkünden, und sinnlos, dass ihr daran glaubt."

Karsamstag kann nicht das Ende sein!

---

[133] Matth 10, 28; Apg. 7, 59; Hebr. 12, 23; Offb. 6, 9
[134] Luk. 16, 22 ff
[135] Wuppertaler Studienbibel: Die Briefe des Petrus, Brockhaus Verlag 1983, Seite 130
[136] 2. Kön. 20, 9 + 10
[137] 1. Kor 15, 13 - 14

Die Auferstehung und die Zeugen dafür

Früh am dritten[138] Tag gingen[139] Maria aus Magdala, Johanna und Maria, die Mutter des Jakobus zum Grab, sie hatten wohlriechende Salben dabei. Sie hatten sich schon gefragt, wer ihnen dabei helfen würde, den schweren Stein wegzuwälzen[140]. Doch das Grab war trotz Bewachung leer, der schwere Stein war auf der Seite. Zwei Engel standen am Grab[141]:
„Was sucht ihr den Lebendigen bei den Toten? Er ist nicht hier; er ist auferstanden. Erinnert euch an das, was er euch gesagt hat, als er noch in Galiläa war: ›Der Menschensohn muss in die Hände sündiger Menschen gegeben werden; er muss gekreuzigt werden und wird drei Tage danach auferstehen.‹"

Was sucht ihr den Lebendigen bei den Toten? Ja, er war im Totenreich, siehe voriges Kapitel. Aber jetzt ist er auferstanden. Jetzt erst erinnern sich die Frauen an die Vorbereitung durch Jesus auf seinen Tod und seine Auferstehung.[142]

Wichtig zu verstehen ist, dass Auferstehung nicht gleich Auferweckung ist. Jesus hatte einen anderen Leib als die Auferweckten wie Talitha, Lazarus und die anderen, die Jesus zurück ins Leben geholt hatte. Und er war für manche nicht ohne weiteres zu erkennen (siehe weiter unten die Emmaus-Jünger)

---

[138] Der dritte Tag. Nach mitteleuropäischer Rechnung wären erst 1 ½ Tage vergangen: Freitagnachmittag bis Sonntagmorgen. Die jüdische Berechnung zählt aber jeden angefangenen Tag als vollen Tag.
[139] Luk. 24, 10
[140] Mark. 16, 3
[141] Luk. 24, 5 b- 7
[142] Luk. 9, 22; 18, 33; Matth. 16, 21; 20, 19; Mark. 8, 31; 9, 31

oder Maria[143] am Grab wie der Evangelist Johannes berichtet. Dazu hatte er übernatürliche Fähigkeiten, plötzlich zu verschwinden[144] bei den Emmausjüngern oder durch verschlossene Türen zu gehen zu seinen Jüngern[145]. Trotzdem konnte er essen wie ein normaler Mensch, worüber die Jünger völlig verwirrt waren:[146]

„Da sie es vor Freude immer noch nicht glauben konnten und vor Staunen kein Wort herausbrachten, fragte er sie: »Habt ihr etwas zu essen hier?« Sie gaben ihm ein Stück gebratenen Fisch, und er nahm es und aß es vor ihren Augen.“

Übrigens wird es im Himmel auch Wein zu trinken geben, wie uns Markus über das Abendmahl berichtet[147]:

„Wahrlich, ich sage euch, dass ich nicht mehr trinken werde vom Gewächs des Weinstocks bis an den Tag, an dem ich aufs Neue davon trinke im Reich Gottes.“

Eine Stelle im Johannesevangelium deutet das neue Wesen an[148]:

„ Ich sage euch: Wenn das Weizenkorn nicht in die Erde fällt und stirbt, bleibt es ein einzelnes Korn. Wenn es aber stirbt, bringt es viel Frucht.“ Das Weizenkorn hat eine andere Gestalt als die Ähre, die wiederum Weizenkörner enthält.

Nach dem Evangelisten Lukas kehrten die Frauen in die Stadt zurück und berichteten den Jüngern von dem erfreulichen Ereignis. Nun war das Zeugnis einer Frau, auch von mehreren Frauen, nicht rechtskräftig in Israel. Deshalb gab es einen Wettlauf

---

[143] Joh. 20, 14
[144] Luk. 24, 31 b
[145] Luk. 24, 36 b
[146] Luk. 24, 41 - 43
[147] Mark. 14, 25
[148] Joh. 12, 24

von Petrus und Johannes zum Grab, den Johannes gewann[149].
Beide bestätigten das leere Grab.

Am gleichen Tag hatte Jesus noch zwei Jünger auf dem Weg nach
Emmaus begleitet und ihnen die Schriften zu dem unerhörten
Ereignis in Jerusalem ausgelegt. Doch erst am Brechen des Brotes
erkannten sie ihn und er war plötzlich verschwunden. Trotz der
fortgeschrittenen Zeit [150]rannten sie zurück nach Jerusalem, um
den Jüngern Bericht zu erstatten.

Im Jüngerkreis am Sonntagabend herrschte nun schon die
Gewissheit, dass er auferstanden war, weil Petrus Jesus gesehen
hatte. Nun auch noch die Bestätigung durch die beiden
Emmausjünger.
Und dann trat Jesus selbst ein[151]. Sein Gruß war: „ Friede sei mit
Euch!"
„Doch sie waren starr vor Schreck, denn sie meinten, einen Geist
zu sehen." Sofort kommt die Schriftstelle[152] in Erinnerung, in der
Petrus auf dem Wasser geht: Die Jünger machen die gleiche wie
damals.
Aber Jesus lässt sie erfahren, dass er real ist. Nur Thomas, der
nicht anwesend war, zweifelt das Ereignis an, wird aber später
durch das Betasten von Jesu Händen und Füßen überzeugt[153].

Paulus berichtet dazu noch im ersten Korintherbrief[154]:
„Als der Auferstandene hat er sich zunächst Petrus gezeigt und

---

[149] Joh. 20, 3-4
[150] Luk. 24, 29
[151] Luk. 24, 36 + 37
[152] Matth. 14, 26 - 27
[153] Joh. 20, 27
[154] 1. Kor. 15, 5 - 8

dann dem ganzen Kreis der Zwölf. Später zeigte er sich mehr als fünfhundert von seinen Nachfolgern auf einmal; einige sind inzwischen gestorben, aber die meisten leben noch. Danach zeigte er sich Jakobus und dann allen Aposteln. Als Letztem von allen hat er sich auch mir gezeigt[155]; ich war wie einer, für den es keine Hoffnung mehr gibt, so wenig wie für eine Fehlgeburt."

Das sind die Berichte, die wir von Jesu Auferstehung haben.
Was aber ist in der geistlichen Welt passiert?
 Da war das zweite große JA! des dreieinigen Gottes zu seinen Geschöpfen: Seht, so werdet ihr sein, wenn ihr bei mir seid. Nun ist der Tod besiegt, der seit Adams Misstrauen die Welt unterjocht hat.
Und das entsetzte NEIN! von Satan war zu hören, der nun sah, dass er keinen Sieg über Gott errungen hatte, sondern im Gegenteil vollständig besiegt war.

---

[155] Apg. 22, 17+ 18 (Nicht wie man meint in Apg. 9,3 ff, da hörte er Jesus nur!)

Die Himmelfahrt und die Folgen

Zunächst eine Prophetie aus dem Alten Testament von Daniel[156], wie Jesus in den Himmel aufgenommen wird bei seiner Himmelfahrt:

„ Ich schaute in Visionen der Nacht: Und siehe, mit den Wolken des Himmels kam einer wie der Sohn eines Menschen. Und er kam zu dem Alten an Tagen, und man brachte ihn vor Ihn. Und ihm wurde Herrschaft und Ehre und Königtum gegeben, und alle Völker, Nationen und Sprachen dienten ihm. Seine Herrschaft ist eine ewige Herrschaft, die nicht vergeht, und sein Königtum so, dass es nicht zerstört wird."

Auch in den Psalmen findet sich eine Stelle[157]:

„Der HERR sprach zu meinem Herrn: / »Setze dich zu meiner Rechten,.."

Die Himmelfahrt Jesu wird in den Evangelien und der Apostelgeschichte(!) unterschiedlich dargestellt:

Der Bericht von Matthäus[158]:

„Die elf Jünger gingen nach Galiläa auf den Berg, den Jesus für die Begegnung mit ihnen bestimmt hatte. Bei seinem Anblick warfen sie sich vor ihm nieder; allerdings hatten einige noch Zweifel. Jesus trat auf sie zu und sagte: »Mir ist alle Macht im Himmel und auf der Erde gegeben. Darum geht zu allen Völkern und macht die Menschen zu meinen Jüngern; tauft sie auf den Namen des Vaters, des Sohnes und des Heiligen Geistes und lehrt sie, alles zu befolgen, was ich euch geboten habe. Und seid gewiss: Ich bin jeden Tag bei euch, bis zum Ende der Welt."

Hier ist nur von einem Berg die Rede, auf dem Jesus seinen Jüngern den Missionsauftrag erteilt. Und damit endet der Bericht von Matthäus.

---

[156] Daniel 7, 13 + 14
[157] Psalm 110, 1a
[158] Matth. 27, 16 - 20

In Markus[159]:
„Nachdem Jesus, der Herr, zu ihnen gesprochen hatte, wurde er in den Himmel aufgenommen und setzte sich an die rechte Seite Gottes."
Keine Reportage, was passiert ist, sondern nur die wichtige Aussage, dass er sich als auferstandener Mensch zur Rechten des Vaters setzte. Dort sieht ihn ja später Stephanus (siehe unten), als er gesteinigt wurde.

Lukas[160]:
„Jesus führte die Jünger aus der Stadt hinaus bis in die Nähe von Betanien. Dort erhob er die Hände, um sie zu segnen. Und während er sie segnete, wurde er von ihnen weggenommen und zum Himmel emporgehoben."

Johannes[161]:
„Jesus sagte zu ihr (Maria): »Halte mich nicht fest! Ich bin noch nicht zum Vater in den Himmel zurückgekehrt. Geh zu meinen Brüdern und sag ihnen, dass ich zu ihm zurückkehre – zu meinem Vater und eurem Vater, zu meinem Gott und eurem Gott.«"
Bei Johannes kündigt Jesus nur seine Rückkehr zum Vater an.

Apostelgeschichte[162]:
„Nachdem Jesus das gesagt hatte, wurde er vor ihren Augen emporgehoben. Dann hüllte ihn eine Wolke ein, und sie sahen ihn nicht mehr. Während sie noch wie gebannt zum Himmel hinaufblickten – dorthin, wo Jesus verschwunden war –, standen mit einem Mal zwei Männer in leuchtend weißen Gewändern bei ihnen. »Ihr Männer von Galiläa«, sagten sie, »warum steht ihr hier und starrt zum Himmel hinauf? Dieser Jesus, der aus eurer Mitte in den Himmel genommen worden ist, wird wiederkommen, und zwar auf dieselbe Weise, wie ihr ihn habt gehen sehen.«"

---

[159] Mark. 16, 19
[160] Luk. 24, 50 - 51
[161] Joh. 20, 17
[162] Apg. 1, 9 - 11

Lukas, der auch der Verfasser der Apostelgeschichte ist, schildert mit fast den gleichen Worten wie in seinem Evangelium, dass Jesus nicht mehr zu sehen war. Die Botschaft der Engel, die nur hier erwähnt wird, ist: Jesus ist in den Himmel aufgenommen worden. Eine Wolke verdeckte ihn, wie Daniel prophezeit hatte![163]

Mit seiner Himmelfahrt erfüllt sich noch eine weitere Prophezeiung aus Jesaja[164]:
„Denn wie der Regen fällt und vom Himmel der Schnee und nicht dahin zurückkehrt, sondern die Erde tränkt, sie befruchtet und sie sprießen lässt, dass sie dem Sämann Samen gibt und Brot dem Essenden, so wird mein Wort sein, das aus meinem Mund hervorgeht. Es wird nicht leer zu mir zurückkehren, sondern es wird bewirken, was mir gefällt, und ausführen, wozu ich es gesandt habe."
Jesus als das Wort des Vaters, als Logos[165] bezeichnet, war am Anfang bei Gott, ist von ihm ausgegangen und jetzt zu ihm zurückgekehrt:
„Im Anfang war das Wort, und das Wort war bei Gott, und das Wort war Gott. Dieses war im Anfang bei Gott."
Und das Wort hat ausgerichtet, wozu es gesandt war: nämlich den Fall Adams rückgängig zu machen.

Schon im Gespräch mit Nikodemus weist Jesus auf seine Himmelfahrt, seinen Aufstieg hin[166]:
„Es ist noch nie jemand in den Himmel hinaufgestiegen; der Einzige, der dort war, ist der, der aus dem Himmel herabgekommen ist – der Menschensohn."

---

163 Daniel 7, 13
164 Jes. 55, 10 - 11
165 Joh. 1, 1 - 2
166 Joh. 3, 13

Jesus sitzt also als Mensch zur Rechten des Vaters. Der erste, der das sehen konnte, war Stephanus,

„ ein Mann mit einem festen Glauben und erfüllt vom Heiligen Geist".[167]

Er hält eine lange Verteidigungsrede gegen falsche Anschuldigungen, derentwegen er vor den Hohen Rat gestellt wurde. Gegen Ende dreht er den Spieß um und klagt den Hohen Rat an, dass dieser zwar das Gesetz von Mose hat, es aber nicht befolgt:[168]

„Stephanus aber, vom Heiligen Geist erfüllt, blickte jetzt unverwandt zum Himmel hinauf, denn er sah dort die Herrlichkeit Gottes, und er sah Jesus, der an Gottes rechter Seite stand."
Daraufhin schleppten sie ihn fort und steinigten ihn. Und ebenso wie Jesus vergab er seinen Peinigern und befahl seinen Geist Jesus an[169]:

„Während man ihn steinigte, betete Stephanus. »Jesus, treuer Herr«, sagte er, »nimm meinen Geist bei dir auf!« Er sank auf die Knie und rief mit lauter Stimme: »Herr, rechne ihnen diese Sünde nicht an!« Das waren seine letzten Worte; dann starb er.

 Stephanus sah also Jesus als Menschensohn neben dem Vater stehen, ein Mensch - nun in der Herrlichkeit des Vaters. Dazu sind auch wir berufen. Das ist die Erfüllung von Vaters Plan.

Jesus hat seinen Platz neben dem Vater als Mensch in allen Evangelien vorhergesagt:
Markus[170]:
„Jesus aber sprach: Ich bin's; und ihr werdet sehen den Menschensohn sitzen zur Rechten der Kraft und kommen mit den

---

167 Apg. 6, 5
168 Apg. 7, 55
169 Apg. 7, 59
170 Mark. 14, 62

Wolken des Himmels."
Matthäus[171]:
„Doch sage ich euch: Von nun an werdet ihr sehen den Menschensohn sitzen zur Rechten der Kraft und kommen auf den Wolken des Himmels."

Lukas[172]:
„Aber von nun an wird der Menschensohn sitzen zur Rechten der Kraft Gottes."

Das ist die zweite überwältigende Tatsache, nachdem Jesus den Fall Adams rückgängig gemacht hat: Jesus ist als verwandelter Mensch in den Himmel aufgenommen worden. Er sitzt an der rechten Seite seines Vaters.

Neben Gott, dem Vater ein Mensch.

---

[171] Matth. 26, 64
[172] Luk. 22, 69

Warum hat das Kommen Jesu so lange gedauert?

„ Als die Zeit gekommen war, sandte er seinen Sohn."[173]

„Sein Plan für diese Welt war bis dahin verborgen, doch nun hat er ihn uns gezeigt. Durch Christus verwirklicht er ihn genauso, wie er es sich vorgenommen hat. So soll, wenn die Zeit dafür gekommen ist, alles im Himmel und auf der Erde unter der Herrschaft von Christus vereint werden."[174]

Paulus schreibt über seinen Auftrag: „ ... um allen Aufklärung darüber zu geben, welche Bewandtnis es mit der Verwirklichung des Geheimnisses hat, das von Urzeiten in Gott, dem Schöpfer aller Dinge, verborgen gewesen ist."[175]

Der Plan des Vaters bestand also schon vor der Schöpfung. Aber warum hat es so lange gedauert, bis der Dreieinige Gott endlich den Sohn auf die Erde sandte?
Wir denken, dass Gott der Menschheit zeigen wollte, dass nur eine persönliche Beziehung mit dem Dreieinigen Gott zum Ziel des Vaters führt, seine geliebten Geschöpfe um sich zu haben.

Eine Beziehung wie zur Zeit des Garten Edens:
Eine enge Beziehung: Gott kam in der Abendkühle in den Garten zu seinen Kindern.
Sie waren sein Gegenüber, als sein Bild gemacht[176]: Wie in einem

---

[173] Gal. 4, 4 a
[174] Eph. 1, 9 – 10 nach der „Hoffnung für alle"-Übersetzung
[175] Eph. 3, 9 nach der Übersetzung von Dr. Hermann Menge
[176] 1. Mose 1, 27

Spiegel, auf Augenhöhe.

Zusammen etwas bewerkstelligen, nicht als Sklaven, sondern als Partner. So wie Adam die Aufgabe hatte, alle Tiere zu benennen[177].

Jedoch passte kein Tier zu Adam. So erschuf Gott aus Adam Eva. Eine Gehilfin ihm gegenüber, mit eigener Meinung und Ideen. Und doch gelang es der Schlange, Misstrauen zu säen. Misstrauen tötet eine Beziehung.

Das macht uns zu Sündern. Sünder sind Menschen, die von Gott getrennt sind und aus Scham darüber nichts mehr mit ihm zu tun haben wollen. Sie haben sich von Gott getrennt, nicht Er sich von ihnen!

Und so musste er sie aus dem Paradies weisen, wie schon erläutert.

Doch bekleidete er sie mit Fellen, also der Haut von getöteten Tieren. Damit war der Tod schon in die Welt eingetreten.

Die Zeit bis Noah führte zu keiner Rückkehr zu Gott. „Aber die Erde war verderbt vor Gott und voller Frevel."[178] Schließlich sah Gott: Wenn er noch eine Generation abwarten würde, also bis Noah stirbt, dann würde niemand mehr da sein, der ihm nachfolgte. So drückte er den „Reset-Knopf" und bewahrte seine Schöpfung vor dem völligen Abfall, jedoch mit der späteren Verheißung an Noah, dies nie wieder zu tun. Als Zeichen dafür gab er den Menschen den Regenbogen. Der Regenbogen teilt das Licht durch Wasser in alle Farben auf. Das Licht Jesu wird durch den Heiligen Geist in viele Nuancen aufgeteilt.

Dann ein erneuter Abfall der Menschen durch den Turmbau zu Babel, mit dem sie Gott gleich sein wollten.[179]

---

[177] 1. Mose 2, 19
[178] 1. Mose 6, 11 nach Luther 2017
[179] 1. Mose 11, 6 + 8

„Und der HERR sprach: Siehe, ein Volk sind sie, und eine Sprache haben sie alle, und dies ist erst der Anfang ihres Tuns. Jetzt wird ihnen nichts unmöglich sein, was sie zu tun ersinnen. ... Und der HERR zerstreute sie von dort über die ganze Erde; und sie hörten auf, die Stadt zu bauen."
Wieder kann man das als Akt der Rettung verstehen.

Mit Abraham beginnt die Zeit der Urväter: Gott beruft einzelne Menschen zu einer engen Beziehung mit Ihm. Damit will er zeigen, dass die Beziehung zu ihm ein sinnvolles Leben hervorbringt und dass er zu seinen Verheißungen steht. Er schafft sich sein eigenes Volk mit Isaak, Jakob, Joseph und seinen Söhnen.

Die Errettung der Hebräer aus Ägypten durch Mose (den Gott seinen Freund nannte[180]) macht Israel zu seinem Volk. Am Gebirge Sinai, wo Mose die Gesetzestafel erhält, sagt Gott[181]:
„Und ihr sollt mir ein Königreich von Priestern und eine heilige Nation sein".
Dies hört sich ganz neutestamentlich an, führte jedoch dazu, dass das Volk keinen direkten Kontakt zu Gott wünschte![182]
„Und sie sprachen zu Mose: Rede du mit uns, wir wollen hören; aber lass Gott nicht mit uns reden, wir könnten sonst sterben."
Angst vor Gott zerstört aber die Beziehung !

Durch Mose kam das Gesetz als Ersatz für die Beziehung oder wie es Paulus formulierte, als Schutzhaft, bis Jesu kommt[183].
„Welche Aufgabe hatte dann das Gesetz? Es wurde hinzugefügt, ... und sollte so lange in Kraft bleiben, bis jener Nachkomme Abrahams da war, auf den sich Gottes Zusage bezog."
Doch was geschah? Die Gesetze ersetzten die Beziehung und wurden in viele Einzelbestimmungen zerlegt, bis es schließlich mehr als 600 Vorschriften waren! Jede Anweisung Gottes in eine

---

[180] 2. Mose 33, 11
[181] 2. Mose 19, 6 a
[182] 2. Mose 20, 19
[183] Gal. 3, 19

bestimmte Situation wurde in ein Gesetz umformuliert! Es gab keine Beziehung mehr, obwohl die Propheten darum rangen und Gott dem Volk nahebringen wollten. Die Folge war, dass die persönliche Beziehung zu Gott dem Vater durch das Halten der Gesetze ersetzt wurde.

Auch die Führer, die nach Mose kamen, Josua, die Richter und schließlich die Könige waren nicht imstande, das Volk dauerhaft in einer Beziehung zu Gott zu halten.
Gott schickte Propheten, aber auch diese wurden nicht gehört.

Die direkte Beziehung zu Gott kann nicht durch Gesetze und auch nicht durch menschliche Autoritäten hergestellt werden. Das ist das Fazit bis hierher.

Nach einer 300-jährigen Schweigezeit schickte Gott Johannes den Täufer, einen Cousin von Jesus (!), als letzten alttestamentlichen Propheten.
Was war seine Botschaft? [184]
„Es ist schon die Axt den Bäumen an die Wurzel gelegt; jeder Baum, der nicht gute Frucht bringt, wird abgehauen und ins Feuer geworfen!"
„Ich taufe euch mit Wasser; es kommt aber der, der stärker ist als ich; ich bin nicht wert, dass ich ihm die Riemen seiner Schuhe löse; der wird euch mit dem Heiligen Geist und mit Feuer taufen. In seiner Hand ist die Worfschaufel, und er wird die Spreu vom Weizen trennen und den Weizen in seine Scheune sammeln, die Spreu aber wird er mit unauslöschlichem Feuer verbrennen." [185]
Das war eine Gerichtsankündigung für das jüdische Volk. Und sie ließen sich in Scharen taufen als Zeichen der äußeren Umkehr.

Schließlich kam Jesus!
Was sagte er über das Volk, das zu Johannes an den Jordan zog,

---

[184] Luk. 3, 9
[185] Luk.3, 16 + 17

um sich taufen zu lassen?[186]

„Johannes war eine brennende Lampe, die einen hellen Schein gab; aber alles, was ihr wolltet, war, euch eine Zeit lang an ihrem Licht zu begeistern."

Auch die Sendung von Johannes reichte nicht aus, die Menschen zurück zu Gott zu bringen.
Nur Jesus konnte das erreichen!
Was war seine Botschaft?
Das Reich Gottes ist nahe![187] So nahe, dass man es ergreifen kann, indem Gott selbst in seine Schöpfung kam.
Jesus saß mit den Sündern zusammen und wurde dadurch nicht unrein!
Was am meisten erstaunt ist, dass die Jünger sich nicht fürchteten, obwohl Jesus doch Gott war!
Er heilte die blutflüssige Frau und wurde dadurch nicht unrein![188]
Nicht Gesetze, gute Führer, tapfere Könige, weise Propheten haben die Beziehung zu Gott wiederhergestellt.
Nein, der Dreieinige Gott selbst hat das bewirkt!

Er, der Sohn des Vaters hat den Weg frei gemacht!
Halleluja!

---

[186] Joh. 5, 35
[187] Mark. 1, 15
[188] Matth. 9, 22

Danksagung

Zuallererst gilt unser Dank dem Vater, Jesus und dem Heiligen Geist für diesen unglaublichen Plan für unsere Rettung und dem überwältigenden Ziel, inmitten der Dreieinigkeit zu sein.

Herzlichen Dank an alle, die uns ermuntert haben, dieses Buch zu schreiben. Und insbesondere an Ideengeber wie Wayne Jacobson, C. Baxter Kruger und Bayless Conley. Sie haben unsere Sicht wesentlich beeinflusst.

Wir bedanken uns herzlich für das Korrekturlesen bei Susan Schülke und für die intensiven Anmerkungen von Angela und Wolfgang Bienert. Ohne sie wäre das Buch nicht möglich gewesen.

Biografische Daten

Heinrich Becker

Studium der Mathematik und BWL in Berlin.

Bis 2009 in leitender Stellung bei Großkonzernen in der Logistik. und IT

Referent auf zahlreichen nationalen und internationalen Logistik-Tagungen.

Mitautor des Buches „Handbuch Kommissionierung" des Heinrich Vogel Verlags, München 2009.

Mitarbeit in einem seelsorgerlich ausgerichteten christlichen Netzwerk seit 1970.

Referent und Prediger in verschiedenen Gemeinden im In- und Ausland

1.Vorsitzender Learn-Apply-Proceed e.V. (www.l-a-p.eu)

Hildegard Becker

Ausbildung zur Lehrerin, danach 10-jährige Lehrtätigkeit.

Mitte der 80er Jahre Übernahme der Leitung der *Frühstückstreffen für Frauen (www.fruehstueckstreffen.de)* in Frankfurt.

Nach berufsbedingtem Umzug des Mannes Übernahme der *Leitung FFF* in München bis 2009.

Mitarbeit in einem seelsorgerlich ausgerichteten christlichen Netzwerk seit 1970.

Referentin bei FFF im deutschsprachigen Raum.

Predigerin in verschiedenen Gemeinden im In- und Ausland

Weitere Bücher von den Autoren:

BoD – Books on Demand 2017
Norderstedt, Germany
ISBN 9 783741 27 1113

Auch in Englisch erhältlich:

BoD – Books on Demand 2013
Norderstedt, Germany
ISBN978-744-895-972

Heinrich und Hildegard Becker

Vom Hören

Beten, Segnen, Seelsorge

BoD – Books on Demand 2013
Norderstedt, Germany
ISBN978-3-3-8482-6660-9

Auch in Englisch erhältlich:

BoD – Books on Demand 2013
Norderstedt, Germany
ISBN978-3-7322-4713-4